CB006652

RASTROS DE RESISTÊNCIA

Histórias de luta e liberdade do povo negro

ALE SANTOS

RASTROS DE RESISTÊNCIA

Histórias de luta e liberdade do povo negro

HarperCollins

Rio de Janeiro, 2025

Copyright © 2025 por Ale Santos. Todos os direitos reservados.
Direitos desta edição negociados pela Authoria Agência Literária & Studio.

Todos os direitos desta publicação são reservados à Casa dos Livros Editora LTDA.
Nenhuma parte desta obra pode ser apropriada e estocada em sistema de banco
de dados ou processo similar, em qualquer forma ou meio, seja eletrônico, de
fotocópia, gravação etc., sem a permissão dos detentores do copyright.

COPIDESQUE	Juliana Ferreira da Costa
REVISÃO	Aline Graça e Dandara Morena
ILUSTRAÇÃO E DESIGN DE CAPA	Oga Mendonça
PROJETO GRÁFICO E DIAGRAMAÇÃO	Emily Macedo Santos

Dados Internacionais de Catalogação na Publicação (CIP)
(Câmara Brasileira do Livro, SP, Brasil)

Santos, Ale
    Rastros de resistência: histórias de luta e liberdade do povo negro /
Ale Santos. – Rio de Janeiro: HarperCollins Brasil, 2025.

    ISBN 978-65-5511-705-9

    1. Cultura negra 2. Escravidão 3. Negros – Condições sociais
4. Resistência I. Título.

25–265305   CDD–305.896

Índice para catálogo sistemático:
1. Negros: Sociologia 305.896
Bibliotecária responsável:
Eliete Marques da Silva – Bibliotecária – CRB–8/9380

HarperCollins Brasil é uma marca licenciada à Casa dos Livros Editora LTDA.
Todos os direitos reservados à Casa dos Livros Editora LTDA.

Rua da Quitanda, 86, sala 601A – Centro
Rio de Janeiro/RJ - CEP 20091-005
Tel.: (21) 3175-1030
www.harpercollins.com.br

SUMÁRIO

PREFÁCIO

Alguma vez na vida você já pensou em como seria se uma maldição antiga o destituísse de seu reflexo? Imagine como seria mirar espelhos, rios, metais e olhares e não conseguir enxergar a si mesmo. Já imaginou se a única referência a respeito do seu existir fosse uma sombra? Que, embora ela o acompanhasse por todos os lugares, nunca conseguiria fazer justiça a tudo o que você realmente é e, pior, como sua única bússola, você, com o tempo, acreditaria que toda a sua existência se resume a uma imprecisa sombra perseguidora?

O racismo estrutural mira corpos não brancos, o cultural tem como alvo nosso imaginário. É ali onde ele tenta te derrubar antes que você suba no ringue. Num esforço conjunto, ambos tentam fazer com que a frase de René Descartes – "Penso, logo existo" – não faça sentido algum para você. Os seres humanos inventaram quem são graças à habilidade de moldar o imaginário de nossos iguais por meio de histórias. Fomos de trapaceiros sortudos que aprenderam a dominar o fogo a admiráveis cavalheiros que ocupam o topo da cadeia alimentar. Tudo invenção.

Mas, se o homem é quem ele acredita ser, o que é o adubo que faz com que sua criatividade alcance lugares tão altos? A presença de seu reflexo no mundo é um ingresso para o sonhar (e, acredite, sonhos têm poder, até a ciência reconhece). Ela concede a oportunidade de buscar ser grande como seus iguais. Ale Santos, nesse sentido, é como Oxóssi no famoso conto iorubá, no qual ele enfrenta o pássaro da morte e vence! Ele tinha uma única flecha (no caso de Ale, suas redes sociais), mirou e atingiu em cheio quem tenta (ainda hoje) roubar e esconder nossos reflexos na história do mundo.

Ao atingir o pássaro da morte, ele devolve o Sol ao vilarejo, devolve aos seus o direito de sonhar e se perceberem como grandiosos descendentes de reis e rainhas. Que, ao pensar na famosa sentença de Descartes, se encontram com seus antepassados e organizam o futuro, replicando reflexos. Como uma imensa fábrica de sonhos.

Este livro é um mapa que nos conduz por uma trilha em que os fragmentos de história nos levam a encontrar o tesouro escondido. E esse tesouro é tudo o que nos foi usurpado pós-colonização.

Obrigado, Ale, graças a Oxalá (e para o terror de quem nos roubou).

Este é apenas o primeiro livro.

Que os orixás o acompanhem. Apenas continue.

EMICIDA

APRESENTAÇÃO

Sou uma pessoa que gosta de abrir a janela à noite, olhar pra estrela mais longínqua e pensar "O que será que existe lá?". Talvez você se pergunte como um jovem negro se torna um sonhador; no meu caso, foi por necessidade. Às vezes a gente vive tão limitado pela realidade que dá essa vontade de procurar outras vidas pra se encaixar. A inconformidade com a vida é uma força propulsora de sonhadores, porém, a inconformidade sozinha não leva a gente a investigar, de fato, o que existe além das estrelas.

Eu sou persistente, muito, daqueles que cai uma, duas, três vezes e ainda persiste, não porque me considero o cara mais bravo do universo, mas porque não admito que não exista outro caminho pra conquistar os sonhos. Não é fácil, muita gente pobre morreu sem nem chegar perto de realizar seus sonhos neste país. Não adianta apenas ser persistente quando "o mundo é um moinho", como cantou Cartola. Só que, às vezes, a persistência acontece no momento certo, seja ele histórico, político, social ou tecnológico, como vocês poderão compreender ao ler as histórias contidas neste livro. É, talvez eu tenha persistido o suficiente até chegar num desses momentos da minha vida.

Eu havia desistido da carreira de escritor. Até hoje, ter o nome impresso na capa de um livro distribuído nacionalmente é tão distante para autores negros quanto as estrelas que eu observo da minha janela. Em algum momento da minha vida, foi completamente impensável ter meu nome estampado em um livro, demorei muito, mais de trinta anos de vida pra conquistar isso e, quando a oportunidade chegou, com o potencial que as redes sociais me trouxeram, o mundo descobriu aquilo que eu já sabia havia décadas, que eu não era apenas um sonhador, mas um bom contador de histórias.

A primeira versão deste livro foi finalista do prêmio Jabuti, depois foi citada em músicas de ídolos como Coruja BC1 (música "Antes do álbum") e Planet Hemp (música "Taca Fogo"), se tornou presente em bibliotecas do mundo inteiro e entrou para o Clube de Leitura da ONU, e eu cheguei a figurar entre as cem personalidades negras mais influentes de países de língua portuguesa, em 2022. Aquela visão longínqua se tornou presente na minha vida.

Nesse momento, percebi algo muito interessante: que, apesar de olhar pras estrelas, nem sempre elas falam do nosso futuro, pois, pra muita gente negra brasileira, a imensidão das estrelas revela as histórias perdidas de nossos heróis, de nosso passado glorioso de resistência e de tantas outras personalidades que podem se tornar novos potencializadores de sonhos, fé e conexão ancestral.

Que estas histórias também lhe entreguem a consciência para que alcance seus sonhos, sejam eles quais forem.

OUÇA A MÚSICA "TACA FOGO", DO PLANET HEMP

A IMPORTÂNCIA DAS HISTÓRIAS PARA OS POVOS AFRICANOS

Existe uma lenda do povo akan sobre uma entidade chamada Kwaku Ananse. Esse povo centenário da África Ocidental que, a princípio, poderia parecer primitivo a olhos despreparados, reconhecia o valor das histórias como a maior riqueza da humanidade.

Bridgeman Images / Fotoarena

Representação de Kwaku Ananse, figura mítica que aparece em diversos contos populares da tradição oral africana.

Segundo o mito, o mundo passava por uma era de tristeza, na qual as pessoas viviam entediadas e não encontravam sentido em nada. Como percorria toda a Terra por meio de suas teias, Kwaku Ananse percebeu que a humanidade precisava de histórias para contar. Mas quem guardava todas elas era Nyame, o deus dos céus.

Acreditando que a aranha nunca seria capaz de pagá-lo, Nyame cobrou um alto preço pelas histórias. E aqui há versões do mito. A maioria fala que Nyame pediu que Ananse lhe levasse Osebo, o leopardo de dentes terríveis, Mmboro,

QUE TAL SE APROFUNDAR?

"Kwaku Ananse" é uma música de 2023, do rapper ganês Amerado, parte do gênero afrobeat. A faixa é inspirada pela figura mitológica de Kwaku Ananse, o astuto contador de histórias da tradição axânti. A música combina metáforas vibrantes e comentários sociais modernos, enquanto celebra a sabedoria e a astúcia associadas à lenda de Ananse.

os marimbondos que picavam como fogo, e Moatia, a fada que nenhum homem havia visto. E ainda há as que incluem Onini, o píton que engole homens em um único bote.

Após uma jornada cheia de artimanhas, Ananse conseguiu enganar as criaturas para capturá-las e entregá-las a Nyame, resgatando as histórias e devolvendo a felicidade ao mundo. Essa figura mítica aparece interagindo com várias divindades africanas em contos populares da tradição oral, que se consolidou como uma parte essencial da cultura de vários povos africanos durante sua escravização. No Caribe, por exemplo, Ananse é frequentemente celebrada como um símbolo de resistência e sobrevivência, pois dava aos escravizados a esperança de que poderiam contornar o sofrimento com a ajuda de seu intelecto, elaborando fugas e estratagemas de combate.

Dave Primov / Shutterstock.com

Ilustração retratando a experiência angustiante de pessoas escravizadas em um navio.

shell300 / pixabay

Para alguns povos africanos, o boabá tinha o poder de fazer você esquecer um fato da vida.

HISTÓRIAS APAGADAS

Durante os séculos de escravidão, os negros só tinham as histórias dos tempos da liberdade de seu povo, a crença nos deuses e a cultura, que a todo custo tentavam apagar, para sustentar a fé na vida. Por exemplo, havia uma crença entre alguns povos africanos de que, para esquecer algum fato de sua vida, você deveria dar voltas em torno de um baobá. Assim, antes de embarcar nos navios negreiros, os escravagistas obrigavam os escravizados a fazerem o ritual ao redor dessa árvore do esquecimento para deixarem sua vida, história e cultura para trás e, então, serem rebatizados com nomes cristãos.

Os escravagistas, contudo, não contavam que a relação dos negros com suas histórias era muito mais enraizada do que poderiam supor. Vários povos desenvolveram um sistema de escrita e construíram bibliotecas nas quais mantinham seu conhecimento sobre o mundo. Mas, para a maioria dos povos africanos, os homens e as mulheres eram a própria biblioteca, e o conhecimento era transmitido por meio da oralidade. A sociedade africana como um todo era um livro vivo, imaginado coletivamente e escrito na existência de cada um por meio do escutar e do contar.

Na África Ocidental, havia os griôs (ou *djéli*, na ortografia africana), guardiões das tradições orais. Eles tinham uma posição de destaque e, por vezes, também exerciam outras funções, como as de mensageiros, arautos, conselheiros de guerra ou artífices. O mais importante: eram registros vivos dos principais acontecimentos de seu povo. Todo suserano deveria estar acompanhado de um, os casamentos deviam ser celebrados por eles e, quando havia uma guerra, os griôs não podiam ser tocados, para que pudessem perpetuar a história dos vencedores.

Os griôs, guardiões das tradições orais da África Ocidental, eram considerados o registro vivo dos principais acontecimentos de seu povo.

domínio público / GetArchive

Por formarem uma casta social, as funções e tradições eram transmitidas de forma hereditária, e os griôs eram treinados desde pequenos por sua família. Ao longo da vida, ainda podiam escolher se seriam músicos, poetas, escultores, se registrariam memórias ou se celebrariam festas. O mais famoso foi Balla Fasséké, oferecido como conselheiro a Sundiata Queita, na fundação do Império do Mali.

Já na África Subsaariana, onde os povos também transmitiam seu conhecimento de forma oral, a preservação das tradições acontecia com o som, o tom e a performance da fala, como se cada frase dessa cultura fizesse parte de um ritual de conhecimento. Esse hábito se perpetuou, em grande parte, porque muitos não sabiam escrever. A escrita era um conhecimento restrito às comunidades que estavam desenvolvendo novos sistemas religiosos e, nelas, era comum que apenas os sacerdotes a utilizassem. Assim, mesmo com o desenvolvimento da escrita, a palavra falada era de extrema importância.

Isso não significa, contudo, que as tradições orais eram menos poderosas. Pelo contrário: as características desses discursos africanos impactam até hoje uma parcela importante da cultura global, sendo a base de sermões religiosos a produções musicais ou teatrais pelo mundo.

Os mitos de povos como os iorubá, axânti, mali, banto, núbio, zulu e tantos outros foram se diluindo na nossa sociedade de tal forma que hoje chega a ser difícil identificar a origem africana de muitas de nossas tradições e palavras. Porém, os negros se tornaram bastiões da cultura de seu povo e utilizaram seu conhecimento ancestral para promover, por onde se instalaram, novas culturas a partir de suas lendas originais. As histórias não são apenas um pedaço de cada povo antigo, são pedras fundamentais para reconstruir novos impérios culturais africanos pelo mundo.

QUE TAL SE APROFUNDAR?

O filme *Keita: a herança do griot*, dirigido por Dani Kouayaté, é ambientado no Burkina Faso e conta a história de um velho griô chamado Djeliba, que deixa sua aldeia para iniciar um jovem nas tradições da família Keita, remontando à história de Sundjata Keita, fundador do Império do Mali.

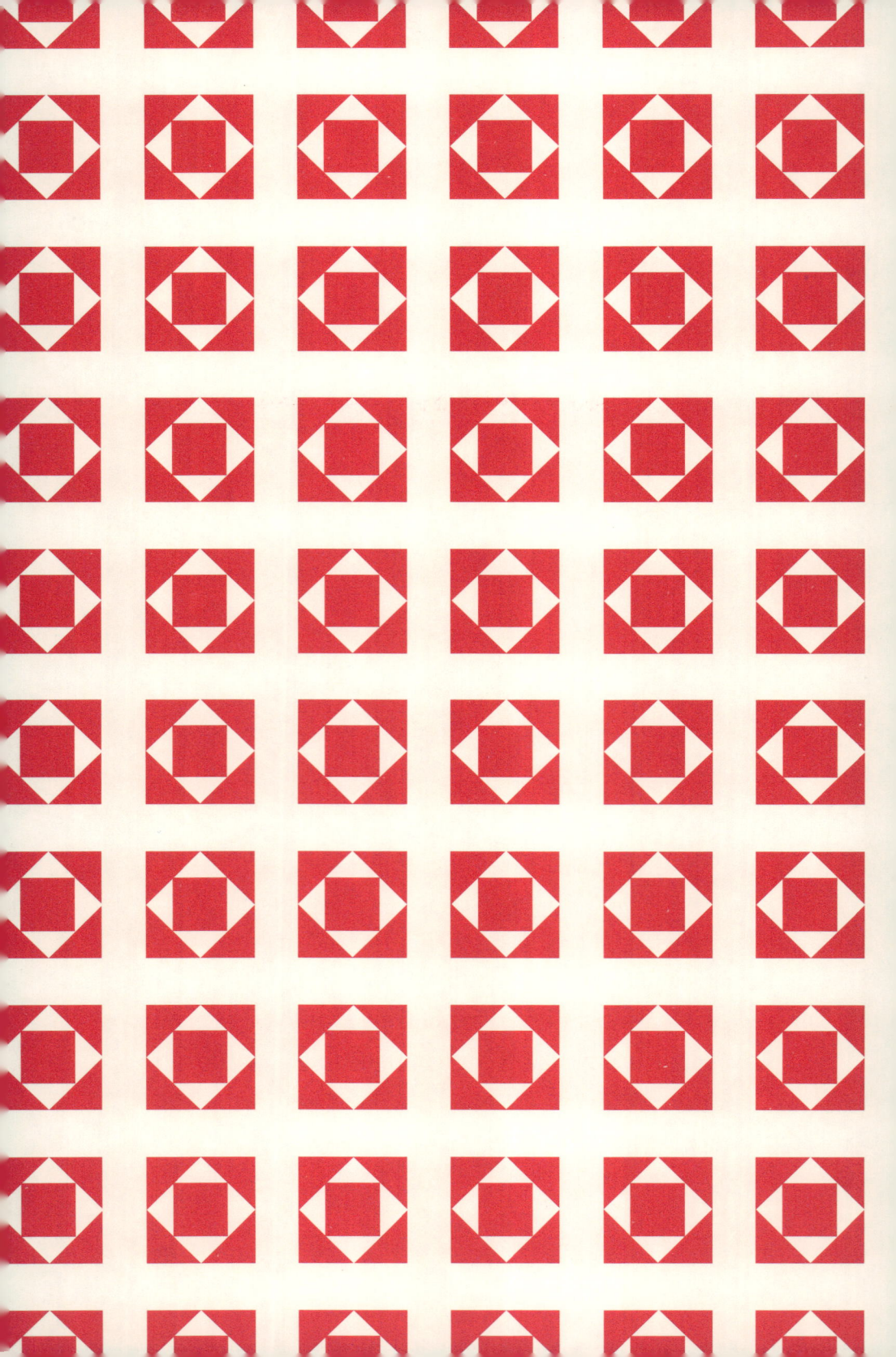

O NASCIMENTO DO RACISMO NO IMAGINÁRIO POPULAR

Você já ouviu falar sobre realidades imaginadas? No livro *Sapiens*, o historiador Yuval Harari explica o conceito: "uma realidade imaginada é algo em que todo mundo acredita e, enquanto essa crença partilhada persiste, a realidade imaginada exerce influência no mundo".

Isso reflete muito sobre a origem do racismo em nossa história. Para que a escravidão desse certo e tivesse aceitação, ela precisava ter um respaldo moral, uma justificativa para que aqueles que usufruíam dos escravizados pudessem fazê-lo de consciência tranquila. E, para minimizar o estrago causado pela exploração, os escravagistas construíram uma realidade imaginada ao "coisificarem" homens e mulheres negros. Como disse Martin Luther King Jr., um dos maiores líderes da luta pelos direitos civis dos negros nos Estados Unidos, o negro não era visto com o mesmo status e valor que outros seres humanos.

Rebaixar as pessoas já havia sido uma prática durante a Inquisição Espanhola (1478-1834), quando judeus e mouros (povos islâmicos oriundos do Norte da África) foram fortemente perseguidos por cristãos. Foram criadas leis rígidas para impedir vários de seus direitos sociais, como casamento, comércio, posses, entre outros. A ideia era diminuir a influência desses povos na sociedade, usando a falta de pureza no sangue como desculpa. Quando Portugal assimilou esse conceito, impôs o mesmo aos indígenas no Brasil. Na prática, isso significava que os povos que não fossem cristãos, brancos e europeus eram vistos como menores e não podiam ter os mesmos direitos que os outros. Hoje, sabemos que pureza sanguínea é um mito, uma história inescrupulosa contada por aqueles que temiam perder suas posições de privilégio na sociedade para grupos diferentes dos seus.

Com a colonização, o mito da pureza de sangue precisava de uma nova roupagem para que as pessoas pudessem compreender aqueles homens e mulheres de pele escura e traços diferentes dos que estavam habituados. Nesse período, os cristãos passaram a buscar no livro máximo de sua fé, a Bíblia, explicações para essas diferenças.

Na época, circulavam duas teorias para a origem da espécie humana: o poligenismo e o monogenismo. O poligenismo dizia que as raças humanas tinham origens múltiplas. Já no monogenismo, todos os homens teriam derivado da mesma espécie. Entre as duas, a teoria mais difundida era o monogenismo, e os cristãos interpretavam que Adão e Eva seriam essa origem única. Entretanto, somente os europeus brancos seriam descendentes do casal.

Essa teoria, contudo, era um grande paradoxo, afinal, a origem de Jesus não era europeia. Uma de suas mais antigas representações na arte está guardada no Museu Copta, em Cairo, no Egito, e traz Jesus e seus discípulos com a pele retinta. A religião ainda concluía que os negros representavam uma forma de degeneração da imagem de Deus e, portanto, deveriam ser colocados em posições inferiores, como forma de martírio para limpar a alma – e, com isso, também impediam a miscigenação, para produzir descendentes cada vez mais claros.

O racismo foi construído por um conjunto de ideologias que misturavam ciência, política e religião para desumanizar negros e seus descendentes.

A religião foi, sem dúvida, um dos principais motores do mito da superioridade racial. E mesmo antes das colonizações, os africanos não eram lembrados ou levados em consideração no cristianismo praticado pelos europeus. Mas é interessante lembrar que o continente africano foi o segundo a seguir essa religião, ainda no século I, no Egito. Foi a partir da adoção do cristianismo como religião oficial do Império Romano, no ano 380, pelo imperador Teodósio I, que pouco a pouco as referências africanas na religião foram sendo apagadas. Mesmo posteriormente, com a Reforma Protestante no século XVI, essas influências não foram resgatadas. Pelo contrário, o mito da soberania racial branca foi reafirmado, contribuindo para a perpetuação da degeneração dos negros e criando os reflexos do racismo que existe até hoje.

No Brasil, a escravidão era mantida sobre vários pretextos que defendiam o desenvolvimento econômico do país e uma falsa ordem social que, em teoria, mantinha negros e brancos em harmonia – mesmo que os pretos sempre estivessem em posição de subordinação.

Mesmo após a abolição oficial, em 1888, com a assinatura da Lei Áurea, na prática, os negros libertos ou ainda escravizados tinham o trabalho explorado no comércio de rua.

QUE TAL SE APROFUNDAR?

A série documental *Extermine todos os brutos*, de Raoul Peck (produtor de *I Am Not Your Negro*), explora o colonialismo, o racismo científico e como a antropometria e a eugenia foram usadas para justificar genocídios.

AS EXIBIÇÕES DE "SELVAGENS"

O contato com diferentes etnias criou um fenômeno cultural tenebroso. Mas é fácil esquecer o passado cruel e devastador quando ninguém se preocupa em contá-lo. Trazer à tona acontecimentos como os zoológicos étnicos ajuda a entender como o preconceito racial se alastrou no inconsciente das pessoas.

Esse era um hábito comum na Europa colonizadora. O explorador Cristóvão Colombo foi um dos primeiros navegadores que capturou nativos para levá-los consigo para a Europa. Em 1493, apresentou seis ameríndios à Corte espanhola, causando grande furor entre os europeus presentes.

As exibições se tornaram uma forma de entretenimento, e as pessoas passaram a se divertir com circos e aldeias cenográficas – verdadeiros zoológicos feitos com os nativos das colônias. Os Médici, importante dinastia italiana, criaram um grande zoológico no Vaticano. Há relatos de que o cardeal Hipólito de Médici mantinha, entre os animais exóticos, uma coleção de pessoas de diferentes raças que eram descritas como "selvagens" – entre elas havia mouros, tártaros, indígenas, turcos e africanos. Apesar de já ser uma prática comum, foi no século XIX que os zoológicos humanos tomaram uma proporção massiva. A cidade de Londres, na Inglaterra, hospedou a maior parte dessas apresentações, mas a França as explorou de forma distintamente hedionda.

Uma exibição racial promovida pelo zoológico Jardin d'Acclimatation, em Paris, recebeu um milhão de visitantes em 1877. A Exposição Universal de 1889, também na capital francesa, tinha como uma de suas exibições a Vila Negra, visitada por cerca de 28 milhões de pessoas. Nela, seis vilas dubiamente reconstituídas exibiam diversas etnias, como árabes, javaneses e senegaleses, que, além de viverem nesses locais, ainda deviam apresentar performances teatrais: mulheres dançavam nuas e homens interpretavam lutas e rituais. As Exposições Universais eram eventos gigantescos em que vários países apresentavam os mais recentes avanços tecnológicos e culturais. Em 1931, a Exposição Colonial reuniu 1,5 mil africanos, expostos em reproduções de vilas. Tais exibições cumpriam o papel de convencer a população de que a colonização gerava riquezas e conhecimentos para a Europa.

Na Bélgica, alguns dos 267 congoleses exibidos em uma apresentação morreram durante o show e foram enterrados como animais em covas anônimas. Esses zoológicos enfatizavam as diferenças entre aqueles homens e mulheres e os europeus, que se consideravam superiores. A revista norueguesa *Urd* concluiu: "É maravilhoso sermos brancos".

QUE TAL SE APROFUNDAR?

O site https://humanzoos.org/ mostra como os EUA e a Europa exibiram pessoas em exposições coloniais, usando pseudociência para justificar o racismo.

Mesmo após o período de colonização, vários países mantiveram esses zoológicos, que pareciam competir em nível de atrocidade. Em cada um deles, uma nova versão do horror era visível e a crueldade era praticada de diversas maneiras. É doloroso pensar que esse hábito perdurou até recentemente.

Um zoológico francês chamado Planète Sauvage foi alvo de críticas em 1994 ao tentar reproduzir uma vila da Costa do Marfim.

BIOLOGIA RACIAL OU RACISMO CIENTÍFICO

Todo esse espetáculo desumano era apoiado pelas teorias que ficaram conhecidas como biologia racial ou racismo científico. Tratava-se de um conjunto de teorias pseudocientíficas baseadas apenas em observação para justificar as diferenças raciais e tirar o peso da consciência dos supremacistas.

É importante ressaltar esse contexto, para não atribuir exclusivamente à religião a construção dos argumentos que impulsionaram o sistema escravagista.

Na realidade, nos esquecemos de que, até mesmo no Iluminismo, a mesma lógica racista se repetia. O Iluminismo foi um movimento que buscava mais racionalidade, a valorização da ciência e a separação entre Estado e Igreja, para tirar Deus do centro da narrativa do Universo. A ideologia iluminista pregava que a racionalidade e o senso crítico ajudariam o espírito humano a evoluir e a humanidade a se tornar mais progressista. Porém, os pensadores dessa época pouco avançaram para eliminar a crueldade da escravidão. Pelo contrário, é nítido como o discurso sobre a exaltação da ciência e o fim dos preconceitos religiosos era voltado apenas para os homens brancos.

Dessa maneira, o mito racial, que já era tendenciosamente justificado pela religião, passava a ser defendido pela ciência. Vários testes puramente empíricos foram utilizados para endossar essas teorias, como a craniometria para validar a ideia de que alguns seres humanos seriam mais evoluídos que outros, de acordo com o tamanho de seus crânios. Nesse momento, também surgia o conceito de raça na literatura, proposto por filósofos e cientistas, como Immanuel Kant (1724-1804), que defendia a supremacia europeia e a inferioridade racial dos povos tidos como "selvagens", considerados insolentes e incapazes de autonomia intelectual. Na realidade, seria prepotência imaginar que poderíamos ensinar o que é civilização para povos que ergueram impérios colossais, como os egípcios.

QUAL A DIFERENÇA ENTRE A ESCRAVIDÃO AFRICANA E O RACISMO EUROPEU?

Em uma época em que as redes sociais se tornam campos polarizados de discussão, a polêmica em torno do racismo e da escravidão volta à tona, quase sempre apresentada com a falácia de que "os próprios negros se escravizavam".

A escravidão existe desde épocas pré-históricas. Ela sempre foi um reflexo da guerra entre os povos. Era o caso, por exemplo, dos vikings, que criaram a palavra "thrall" para a condição escrava, fosse ela hereditária, resultado de captura ou até mesmo voluntária. Já os astecas usavam o termo "tlatlacotin", que designava indivíduos com dívidas de jogos ou condenados por crimes, que podiam assumir a condição de serviçais particulares até pagarem o que deviam, ou até alcançarem a confiança do suserano, em casos de inimigos de guerra.

Em outras sociedades, a escravidão tinha um prazo. A Bíblia judaico-cristã, por exemplo, narra o ano do Jubileu, momento em que toda a condição de escravo devia ser dissipada. Acredita-se que "jubileu" vem do verbo "yovel", do hebraico, que significa "trazer de volta". Assim, os escravizados voltariam a seu estado anterior de liberdade. Desse modo, compreendemos que a Europa não inventou a escravidão. Por outro lado, inventou algo que tornou toda a sua história mais nefasta do que já era.

As pessoas tendem a diminuir a África. De forma estereotipada, a definem como um país, quando, na verdade, estamos falando de um vasto continente, um dos mais ricos em culturas, tradições e etnias. Essas etnias, inclusive, viviam em conflitos internos, assim como os ameríndios ou qualquer povo nativo de outro continente.

Muitos, por exemplo, foram aprisionados no processo de expansão do povo akan, uma grande comunidade do continente africano que realizou construções inimagináveis no meio de florestas. Wilhelmina Donkell, especialista na história desse povo, ressalta que seu sistema de servidão era diferente da escravidão europeia, porque as pessoas podiam se casar, ter filhos e propriedades, e, às vezes, o casamento podia ocorrer até mesmo com os herdeiros dos mestres.

Outro exemplo é oferecido por Sandra Greene, historiadora especialista na história de Gana. Ela explica que, na África Ocidental, conflitos políticos entre as comunidades, nos séculos XVIII e XIX, faziam com que elas escravizassem seus inimigos e, apesar de a prática ter sido legalmente abolida em 1875, os impactos podem ser sentidos até hoje. Em Gana, não havia escravidão racial, ela era definida por parentesco. As pessoas tinham muito claramente o histórico de cada indivíduo e o mantinham por meio de registro oral. Assim, algumas famílias ainda carregam a marca de sua origem escrava.

Seria imprudente argumentar que exista um tipo "aceitável" de escravidão. Ela é abominável de todas as formas e o mundo antigo era cruel em todos os lugares. Mas os europeus transformaram essa crueldade em devastação quando adicionaram um elemento que nunca havia sido explorado antes: a ideia de raça, de que a escravidão seria definida por causa da cor de pele ou de uma etnia diferente. Estava criada a escravidão racial.

O conceito de raça surgiu com a Inquisição Espanhola, quando a pureza de sangue passou a segregar judeus e mouros e justificativas bíblicas foram usadas para explicar a diferença entre as pessoas. Isso se intensificou quando os europeus chegaram à África. Ao desembarcar, promoveram alianças com alguns reis nativos, da maneira que fizeram na América, como conta, por exemplo, a história do líder asteca Montezuma, que recebeu o conquistador espanhol Hernán Cortés e depois foi traído e morto por seu exército.

Os colonizadores europeus se aproveitaram dos conflitos internos entre as diferentes etnias africanas para estimular guerras, criando prisioneiros. Depois, compraram esses prisioneiros como mercadorias, elevando o terrível costume de escravidão que existia entre alguns povos africanos. A colonização europeia originou um inédito mercado global de escravizados, exportando negros para outros países colonizadores. Com essa expansão, a escravidão racial se estabeleceu como um pensamento dominante que se perpetuou por anos, ajudando a consolidar leis que garantiam privilégios para os brancos em todo o mundo, como pode ser observado no Apartheid, um regime de segregação racial que ocorreu na África.

QUE TAL SE APROFUNDAR?

No filme *13ª emenda*, estudiosos, ativistas e políticos analisam a correlação entre o impacto da colonização na criminalização da população negra dos EUA e o *boom* do sistema prisional do país.

O documentário *A última abolição* traz uma retrospectiva da abolição da escravidão sob outra perspectiva: não foi meramente a assinatura da Lei Áurea que libertou os escravizados e tampouco levou à democracia racial.

O RESGATE DOS NOSSOS HERÓIS

Muitos ainda não entendem o poder que nosso imaginário exerce sobre quem somos. São nossos sonhos que impelem nossas emoções e fazem com que nos sintamos diferentes frente às situações do mundo. As figuras presentes nessa parte inconsciente humana dizem até onde podemos ir com nossos desejos e como lidar com as frustrações.

Carl Gustav Jung (1875-1961), pai da psicologia analítica, explorou o que chamou de "inconsciente", que "é formado por duas camadas: a Pessoal, na qual são mantidas as experiências reprimidas, esquecidas e ignoradas de cada indivíduo; e o Inconsciente Coletivo, a camada mais profunda da psique, que é povoada por instintos e imagens primordiais divididas e herdadas por toda a humanidade".

A escravidão ajudou a construir na mente das pessoas imagens extremamente depreciativas dos povos negros. O Brasil, por exemplo, foi um dos maiores centros de estudos latino-americanos da eugenia, teoria que apresentava entre os conceitos a ideia de "limpar" a criminalidade e a indolência que, segundo os racistas, pairava sobre a etnia negra. Eu mesmo passei muito tempo sendo impactado por esse estereótipo, privado de autoestima e sem ninguém para me dizer "estão ofendendo você, porque é um garoto negro e a maioria das pessoas aprendeu que ser negro é uma coisa ruim".

Devido ao racismo impregnado na mente das pessoas, ser negro não era visto de forma positiva. Logo, não existiam heróis de traços negros na TV, no cinema e na literatura *mainstream*. Nos jornais e nos programas de rádio e televisão, o estereótipo sempre foi reforçado com piadas e todo tipo de escárnio.

A falta de contato com narrativas heroicas representativas pode levar a psique de um povo à ruína, e não é segredo que a psique do povo negro adoeceu no processo de escravidão. Isildinha Baptista Nogueira, um dos maiores nomes da psicologia social no mundo, afirmou em entrevista que "É preciso entender que o racismo adoece e esse é o perigo que nós corremos, pois existe uma aparente inclusão do negro na sociedade, mas esse adoecer psíquico é muito mais eficiente do que a segregação e a discriminação".

Voltando a Jung, podemos ter uma nuance de entendimento da importância desses personagens: os heróis e as heroínas. O psiquiatra afirmava que a função básica do herói dentro de qualquer mito era combater os demônios infantis de sua cultura local, de forma que a assimilação dos heróis era também a assimilação da visão de mundo que tal mito queria propagar. Em outras palavras, heróis nos ensinam pela experiência a confrontar o mal, a enfrentar situações adversas e a lidar com o mundo, utilizando os artifícios da fé, da cultura e da cosmovisão em que ele se insere.

Então, ao viver envolto em um mundo no qual a cultura pop é baseada em mitos e narrativas eurocentradas (construídas com elementos da cultura e da crença europeia), você se sente afastado de uma identificação cultural. Isso o desloca para um isolamento em meio à sociedade que cria dissonância sobre quem você é, fragilizando o seu ser ao impedir que receba imagens heroicas para lidar com conflitos próprios de sua etnia.

A história ocultou o nome de milhares de heróis africanos em nosso continente, mas reencontrei inúmeras narrativas que adoro contar. Nas próximas páginas, apresento alguns fatos marcantes e tristes do nosso povo. São relatos de homens e mulheres que foram testemunhas da faceta mais perversa dos colonizadores. Histórias que não devem ser esquecidas, pois as atitudes e ideologias desses exploradores ainda estão vivas e são muito reproduzidas – algumas vezes de forma inconsciente, outras, de maneira bastante agressiva. Além disso, reuni também algumas anedotas curiosas que vão instigar sua imaginação a viajar por um mundo mítico da cultura afro.

Quando ouço o termo "empoderamento", remeto à esta questão do imaginário: entregar as imagens para resgatar e reconstruir, juntos, as figuras que serão consolidadas nas próximas gerações. Eu acredito de maneira contundente que podemos construir um futuro grandioso, inspirados pelas culturas ancestrais e polidos por meio das histórias que estamos contando hoje.

1

O RACISMO CIENTÍFICO NO BRASIL

A ciência deveria levar o homem pelo caminho da evolução do conhecimento. Porém ela já revelou a face mais perversa da humanidade ao atribuir raças aos humanos. No Brasil da pós-abolição, a ciência foi usada também para criar ideologias racistas e um plano eugenista que exterminaria negros do país.

Tudo começou na metade do século XIX. À época, muitos intelectuais já impunham o racismo epistêmico dentro da historiografia, e a antropologia basicamente servia para comprovar a superioridade dos povos europeus em relação aos povos considerados bárbaros. Georg Wilhelm Friedrich Hegel, pensador alemão e filósofo influente do século XVIII, já afirmava que "os povos negros são incapazes de se desenvolver e receber uma educação". O antropólogo inglês Francis Galton, por sua vez, aplicou aos seres humanos a teoria da seleção natural, desenhada por seu primo, Charles Darwin, para comprovar que o intelecto era hereditário, criando, então, a teoria da "eugenia", termo grego que significa "bem-nascido".

Segundo essa teoria, seria possível eleger os melhores homens e mulheres por meio de características físicas, para promover a evolução da espécie humana nas gerações futuras. Dessa forma, os indivíduos que não se encaixavam nos padrões eram considerados degenerados e excluídos da sociedade. Houve programas de esterilização e extermínio, como aconteceu com judeus, homossexuais e pessoas com deficiência na Alemanha nazista durante o governo totalitário e ditador de Adolf Hitler.

Quando visitou o Brasil, em 1860, o historiador britânico Henry Thomas Buckle considerou o país "nocivo à saúde" – a comunidade internacional repudiava a configuração brasileira pela quantidade de negros e mestiços. Para tirar o país desse "atraso civilizatório", intelectuais, políticos e outros membros da elite brasileira empenharam-se em um plano para higienizar a população. Iniciou-se, assim, o Movimento Eugênico Brasileiro, com as primeiras ações organizadas em São Paulo, na década de 1910. Essa iniciativa também respondeu aos anseios dos escravagistas que queriam novas ferramentas para hierarquizar a sociedade. Nessa época, os alforriados foram abandonados sem uma política de integração e, por isso, sofriam o repúdio da sociedade.

Essa pseudociência acreditava que as raças de negros e indígenas não eram apenas inferiores, mas que algumas condições, como alcoolismo, perversão sexual e criminalidade estavam diretamente ligadas ao sangue dessas raças, que deveriam, portanto, ser exterminadas.

> **QUE TAL SE APROFUNDAR?**
>
> O filme *Menino 23* investiga a história real de crianças órfãs que, nos anos 1930, foram levadas de um orfanato no Rio de Janeiro para uma fazenda no interior de São Paulo. O caso está ligado a simpatizantes do nazismo no Brasil, que aplicavam teorias de hierarquia racial e trabalho forçado.

CENTRAL BRASILEIRA DE EUGENIA

Entre as principais fontes para o estudo da eugenia no Brasil, destacam-se os conjuntos documentais formados pelos *Annaes de Eugenia* (1919), publicação que reúne as atividades e conferências da Sociedade Eugênica de São Paulo. O compêndio foi lançado pela editora da *Revista do Brasil*, que tinha entre seus colaboradores mais famosos Monteiro Lobato, Arnaldo Vieira de Carvalho, Alfredo Ellis, Belisário Penna, Artur Neiva, Luís Pereira Barreto, Antônio Austregésilo, Vital Brazil, Fernando de Azevedo, Afrânio Peixoto e Juliano Moreira. Liderados pelo farmacêutico, médico e escritor Renato Kehl, publicaram o *Boletim de Eugenía*, que se manteve em circulação de 1929 a 1933, e organizaram o 1º Congresso Nacional de Eugenia, no Rio de Janeiro. O governo brasileiro apoiou o movimento e suas teorias se tornaram as principais linhas de higienização e saneamento da população.

Em 1931, foi fundada a Comissão Central Brasileira de Eugenia, que tinha higiene, saneamento e educação como os principais pilares. Diferentemente dos Estados Unidos e da África do Sul, por exemplo, não houve no Brasil leis explícitas de segregação, porém a propaganda e a política educacional foram responsáveis por impedir a mistura entre raças. O processo de eugenia no país teve sua base construída graças à Constituição Brasileira de 1934, cujo artigo 138 dizia que a União, os Estados e os Municípios deveriam "estimular a educação eugênica".

As universidades de medicina e saúde em todo o país passaram a utilizar obras de Kehl, como *Eugenia e medicina social* e *Aparas eugênicas: sexo e civilização*, e as discussões sobre raça mantiveram uma simbiose com os temas de sanitaristas brasileiros.

BOLETIM DE EUGENÍA, Rio de Janeiro: Instituto Brasileiro de Eugenia, 1929, capa. Mensal. Proprietário: Renato Hehl.

BOLETIM DE EUGENÍA

MENSAL

EDITADO
em propaganda
do
Instituto Brasileiro de Eugenia

JANEIRO DE 1929

VOL. I — NUM. 1

Direcção e Propriedade
DR. RENATO KEHL
Rua Smith Vasconcellos, 63 = (Aguas Ferreas)
RIO DE JANEIRO — BRASIL

O NOSSO BOLETIM

Instituto Brasileiro de Eugenia

Têm os leitores o primeiro numero do Boletim de Eugenia. Apparece modestamente: pequeno formato, poucas paginas. Promette pouco. Deseja, apenas, auxiliar a campanha em prol da Eugenia entre os elementos cultos e entre os elementos que, embora de mediana cultura, desejam, tambem, orientar-se sobre o momentoso assumpto Apresentará, para atender a todos, pequenos artigos scientificos, ao lado de outros, de simples vulgarização. Tudo resumidamente, tudo em linguagem simples e clara.

Depois da publicação dos Annaes de Eugenia, em São Paulo, não appareceu no paiz qualquer outra publicação especializada sobre esta sciencia. O Boletim será, pois, a primeira deste genero, com caracter periodico. Fiado á Liga de Hygiene Mental, incluirá, certamente, no seu programma, tudo quanto se referir a este ramo de intima connexão com os propositos da sciencia de Galton

O "Boletim de Eugenía" precede nesta Capital a fundação de um Instituto Brasileiro de Eugenia, que terá logar, opportunamente, sob os auspicios do director deste e dos Professores Ettani Lopes, J. Porto-Carrero, Muijo de Campos e Heitor Carrilho.

Já é tempo de possirmos uma aggremiação nacional de eugenistas. Até bem pouco tempo seria difficil o emprehendimento. Os eugenistas brasileiros eram em tão pequeno numero, que não chegavam, talvez, a meia duzia, De algum tempo a esta part os proselytos se multiplicaram como por encanto. Effeito, talvez de algum milagre!

Este Boletim recebei, com especial interesse, pequenos trabalhos e notas para nelle serem publicados.

Abre, pois, as suas pequenas columnas a todos que desejarem collaborar na propaganda dos ideaes eugenicos.

PROPOSITOS

A julgar pelo interesse crescente evidenciado entre os elementos cultos de nosso paiz, desde o inicio da cruzada de propaganda em prol da bella doutrina do aperfeiçoamento physio-psychico da especie humana, é de admittir-se que se tornem cada vez mais numerosos os proselytos do galtonismo no Brasil. Raros, porém, os que lhe dedicam verdadeira attenção, quer se entregando a investigações scientificas, quer escrevendo simples trabalhos de divulgação. Em artigos da imprensa diaria, em revistas, em obras apparecidas, encontram-se, é verdade, a miude, referencias encomiasticas á doutrina de Galton o que comprova se apresentarem, de algum modo, appreciados e comprehendidos os seus transcendentes intuitos.

E' necessario, entretanto, que a Eugenia, a exemplo do que se faz em outros paizes, desperte ainda maior interesse, mais sérias preoccupações, seja mais cultivada e applicada, porque, indubitavelmente, é a chave magna da regeneração humana.

Prendem-se os seus designios ao estudo e applicação das questões da hereditariedade, descendencia e evolução, bem como ás questões relativas ás influencias do meio, economicas e sociaes; está dentro da sua esphera investigar o papel representado pela educação, costumes, emigração, immigração, mesticagem, e todos os demais factores que atuam sobre os nossos semelhantes, — com o fito não só de derivar novos conhecimentos e de abrir outros campos de investigação, como de estabelecer valiosos ensinamentos e regras praticas para a regeneração continua da especie.

Aperfeiçoar as qualidades e reduzir no minimo as imperfeições humanas, eis, em synthese, o ideal eugenico, que embora systematizado ha poucos annos por Galton, já se esboçava a espiritos portentosos de outras eras. Platão nas paginas da Republica, Eschylo, Sophocles, Euripedes, Antistene, eram os principaes precursores de Galton, de Pearson, de Davenport, de Grüber e de tantos outros que nos nossos dias se esforçam para realizar o grande emprehendimento do homem normal consubstanciado no velho e conhecido aphorismo de Juvenal: "mens sana in corpore sano".

Nesse aphorismo se acha, como que resumida, toda a doutrina de Galton e, como disse Raspail no seu livro "De la santé et de la maladie": mens sana in corpore sano, eis o homem modelo, o homem forte, o homem justo; mens sana in corpore sano, — eis o homem doente e soffredor; mens non sana in corpore sano, — eis o homem triste, melancolico e defficiente, que se torna maniaco ou louco; mens non sana in corpore non sano — eis a agonia, o preludio da morte".

A concepção eugenica de aperfeiçoar a humanidade, favorecendo o nascimento de sêres robustos e bellos, remonta, como deixei claro, de muitos seculos. Lycurgo teve-o quando determinou que se lançassem ao Eurotas as crianças rachiticas e degeneradas; Platão, quando pregou a necessidade do exame prenupcial dos nubentes, que deviam apresentar-se deante de uma junta com o corpo nú, attestando pelo seu estado de saude a garantia de uma prole perfeita e vigorosa; e Aristoteles, como se verifica percorrendo as paginas de sua Politica.

Mas, uma vasta fronteira delimita a concepção de Galton. A primeira equivalia á selecção empirica, cruel muitas vezes, em desacôrdo com o sentimento de moral e de humanidade; a segunda é a selecção scientifica, fundada em preceitos humanos e acordes com a razão, que preside os nossos actos, em relação aos nossos semelhantes.

Sobre esse momentoso e transcendente assumpto e, perseverando nos

Paralelamente a esse movimento, havia um esforço de branqueamento da população por meio de políticas de imigração. A Resolução n.º 20, do Conselho de Imigração e Colonização, revela o plano do governo de São Paulo de trazer cinquenta mil portugueses para o Brasil, com o intuito de clarear a "raça brasileira", seguindo as teorias de eugenia aplicadas no país. As intenções eram explícitas "tendo em conta a alta conveniência que apresenta, para o Brasil, a vinda de agricultores portugueses, pelas condições étnicas que possuem…".

Os negros não recebiam o mesmo tipo de benefícios sociais que a nova força de trabalho imigrante. Sem emprego e assistência, o que os eugenistas buscavam era que todos os descendentes de africanos escravizados desaparecessem do país em cerca de quatro ou cinco gerações, conforme o próprio Kehl escreve no *Boletim de Eugenía*: "a solução [para o Brasil] será o advento de uma nacionalidade mestiça, com predominância do elemento branco".

EXTERMÍNIO DA NEGRITUDE

O governo trabalhou para exterminar a negritude. Negros de pele clara, que representariam a falha desse projeto de clareamento, não deveriam existir. E os retintos, mais ainda: deveriam ser apagados do mapa brasileiro.

MODESTO BROCOS / Santiago de Compostela, Espanha 1852 - Rio de Janeiro, RJ, 1936. Redenção de Cã, 1895. Óleo sobre tela, 199 x 166 cm. Assinada M. Brocos Rio de janeiro 1895. Coleção Museu Nacional de Belas Artes/Ibram. Foto: Rômulo Fialdini

A obra *A redenção de Cam*, do pintor espanhol Modesto Brocos, retrata o branqueamento do povo brasileiro. A arte mostra uma mulher negra retinta levantando as mãos para o céu em agradecimento por seu neto ter nascido branco, em vez de negro.

É muito fácil encontrar em publicações da época termos como "defesa da raça", "saúde da raça", "higienização da raça". Os supremacistas ardilosos só não contaram com o fato de que os negros são mais fortes do que eles imaginavam. Não morremos, a resistência é uma arte ancestral.

Vários movimentos surgiram para confrontá-los, da Revolta da Chibata à Frente Negra Brasileira.

Com o golpe militar de 1964, a eugenia, que já era aplicada pelo Exército, ganhou um disfarce cultural e ideológico, sob o manto da democracia racial: a crença de que a miscigenação brasileira teria resolvido qualquer possível tensão e desigualdade racial, ideia baseada na obra de Gilberto Freyre, *Casa-grande & senzala*. O plano eugenista continuava no governo militar, com as perseguições a manifestações negras. Mas, temendo alguma revolta, usavam a supervalorização da "raça brasileira" como disfarce.

Vários concursos de beleza, tanto de crianças quanto de mulheres, foram promovidos para encontrar as características perfeitas, segundo os conceitos da eugenia. Esses concursos de "beleza eugênica" eram frequentes até o fim do regime militar. A maioria dos estereótipos raciais e a construção do racismo brasileiro se deram, sobretudo, no movimento de eugenia, que se arrastou por décadas e não se sabe ao certo quando oficialmente terminou.

Dessa forma, podemos supor que ainda estamos vivendo sob a sombra do racismo científico brasileiro. Obras eugenistas, como *O homem delinquente*, publicada em 1876 por Cesare Lombroso, ainda são indicadas como base de estudos sobre criminalística; e Raimundo Nina Rodrigues, fundador da antropologia criminal brasileira e adepto da frenologia – pseudociência que relacionava o formato do crânio com os traços de personalidade do indivíduo – dá nome a um dos principais hospitais do Maranhão. Nos últimos anos, deputados e até mesmo um vice-presidente citaram conceitos eugenistas em seus discursos, alegando o "branqueamento da raça".

QUE TAL SE APROFUNDAR?

No filme *A negação do Brasil*, tabus, preconceitos e estereótipos raciais são discutidos a partir da história das lutas dos atores negros pelo reconhecimento de sua importância da história da telenovela – o produto de maior audiência no horário nobre da TV brasileira.

A frenologia era uma pseudociência que, a partir do estudo do crânio, reforçava a ideia de superioridade branca.

© Nott, Josiah C. (Josiah Clark), 1804-1873; Gliddon, George R. (George Robins), 1809-1857 / Library of Congress

2

O REINO DE WHYDAH NA COSTA DOS ESCRAVOS

Uma tragédia histórica se iniciou no reino de Whydah ou Ouidah, atual Benim, entre 1677 e 1681, quando foi conquistado pelos akwamu, um dos povos do grupo étnico akan que floresceu utilizando os serviços de seus inimigos capturados em trabalhos forçados. A prática era comum, mas a dimensão era imensuravelmente inferior ao que estava para acontecer nos 16 quilômetros de costa que o reino mantinha.

Em Whydah, ficava o principal comércio de escravizados da África Ocidental. Durante sua expansão, os conflitos eram frequentes e prisioneiros de pequenas aldeias no interior eram levados para trabalhar na região. Não demorou para que os europeus enxergassem ali uma oportunidade. Holandeses, britânicos, franceses e portugueses estavam no reino desde o fim de 1600, porém só construíram fortificações e um entreposto comercial depois de 1700. Oito anos depois cercaram as muralhas do palácio do reino.

O comércio da região era bastante promissor. Os nativos praticavam agricultura de forma extensiva e o comércio interno era tão desenvolvido que o mercado popular em Whydah chegava a ser maior que o de muitas cidades atuais, como Amsterdã.

Haffon, proclamado rei aos 14 anos e considerado o último rei de Whydah, recebeu dois navios e um trono extravagante de presente da França, enquanto da Companhia Britânica ganhou uma coroa. Os dois países continuaram enviando presentes para adular Haffon e, em troca, puderam aumentar a presença na região, construindo fortes para manter escondidos mercadorias e escravizados até embarcarem. Sua coroação oficial foi celebrada com uma procissão que incluiu os impérios britânico e francês, grupos de soldados, músicos, várias de suas esposas e sacerdotes. Os estudiosos divergem quanto à data do evento, sendo possível encontrar diversas gravuras com diferentes datas – Jakob van der Schley o ilustrou como sendo em 1723 e o missionário francês Jean-Baptiste Labat, em 1725, por exemplo.

Florilegius / Alamy / Fotoarena

Haffon, proclamado rei aos 14 anos, recebeu presentes da França e da Companhia Britânica, em troca da permissão de aumentarem sua presença na região.

O comércio de escravizados com os europeus se tornou muito lucrativo e vários líderes, proprietários de terras e conselheiros do rei foram corrompidos, vislumbrando a possibilidade de assumir o controle das vendas. Assim, o reino foi consumido por conflitos e enfraqueceu.

Em 1727, o rei Agaja, de Daomé, outro estado africano na região em que hoje se situa Benim, estava rapidamente incorporando armas ocidentais ao seu exército, por meio do escambo com os europeus. Muitos historiadores defendem o interesse econômico e a proteção do próprio reino como motivações para essa movimentação. Agaja era um grande líder militar que cresceu em meio a vários conflitos entre os povos vizinhos. Com tantos prisioneiros e mais terras para ocupar, ele encontrou na venda de escravizados uma forma poderosa de obter mais recursos bélicos para sobrepujar seus oponentes.

Antes de atacar Whydah, Agaja conseguiu o controle de Allada, outro reino costeiro de grande importância para o comércio escravagista. Além disso, conspirou com a própria filha, também esposa de Haffon, para que ela jogasse água na pólvora de todos os canhões que protegiam Whydah. Agaja enviou mensagens para os europeus não interferirem a favor de Haffon, pois, posteriormente, teriam mais benefícios em seu reinado. Como resultado, mais de nove mil pessoas foram aprisionadas na batalha.

No reino de Daomé, além dos vários homens guerreiros, o rei também era protegido por mulheres que formavam um destacamento especial de amazonas.

Bridgeman Images / Fotoarena

O Reino de Daomé, no atual Benim, contava com um exército feminino, as amazonas de Daomé.

QUE TAL SE APROFUNDAR?

O documentário *A rota do escravo*, produzido pela ONU, traz a história dos portos escravagistas, incluindo Ouidah, e seu impacto global.

UM NOVO REINADO

Após derrubar Haffon e conquistar Whydah, o reino foi anexado a Agaja, absorvendo as aldeias ao redor. A população de Daomé passou de dez mil para quase trinta mil – a maior parte era de africanos e um número elevado de europeus que se estabeleceram na região. O reino tornou-se o segundo maior exportador de escravizados do mundo, dos quais muitos foram enviados para o Brasil.

Os diferentes guerreiros que faziam parte do exército de Daomé.

Quando um rei chega ao poder por meio de intriga, teme que possa ser destituído pela mesma arma. Por isso, Agaja era implacável: promovia punições para manter a imagem e estimular o medo nos inimigos. A sociedade de Daomé era estritamente militar e visava a expansão a qualquer custo. Enquanto a Europa abastecia os navios negreiros, Daomé se preocupava com uma antiga guerra por território contra o reino de Oyo, iniciada em 1682. As batalhas duraram gerações até a morte de Agaja, em 1740. Foi, então, que o comércio de escravizados se intensificou.

O trono de Daomé recebeu vários sucessores e pertenceu também ao rei Adandozan, que mantinha fortes relações com a Europa e correspondência com seus soberanos. Como presente, Adandozan enviou, em 1811, seu trono para o príncipe regente dom João VI, que posteriormente foi trazido ao Brasil junto com a família real portuguesa. Mantido no Museu Nacional do Rio de Janeiro, o trono se perdeu no grande incêndio que acometeu o museu, em 2018.

É muito difícil dissociar a narrativa de Whydah e Daomé do tráfico de escravizados, já que ambos os reinos se alimentaram da escravidão para crescer em tamanho e poder durante aquele período. Quando os britânicos passaram a impor restrições ao tráfico, Daomé começou a enfraquecer, até ser tomada totalmente pelo segundo império colonial francês, em 1904. O fim da exploração francesa só ocorreu em 1960, e, apenas em 1991, o território se tornou a atual República do Benim. Hoje, no porto do qual cativos partiam para o desalento, existe o monumento Portal do Não Retorno, onde celebra-se a maior festa anual do vodum, uma religião muito importante no sul de Benim.

Bibliothèque Nationale de France

Capa do jornal *Le Monde Illustré*, de 28 de janeiro de 1893, anunciando a chegada das tropas francesas a Daomé.

QUE TAL SE APROFUNDAR?

Amazonas: as temidas guerreiras do Reino do Daomé, vídeo da DW, mostra o feminino que é, ainda hoje, um símbolo de coragem e emancipação das mulheres.

3

A ASTÚCIA DO LÍDER QUILOMBOLA BENEDITO MEIA-LÉGUA

Zumbi foi o maior líder e rei de quilombos na história do Brasil, uma figura lendária que, assim como todos os heróis negros do país, recebeu muito tarde o devido crédito. Infelizmente, muitos outros heróis e líderes ainda estão sob o manto do desconhecimento e nem sempre temos a oportunidade de ouvir as histórias sobre eles. Esta é a saga de Benedito Meia-Légua.

Esta história me dá um orgulho imenso. Ela mistura fé e genialidade para assombrar os escravagistas, muitos anos antes da abolição. O herói era Benedito Caravelas, que viveu até 1885. Ele foi um líder nato e bastante viajado, conhecia muito o Nordeste do Brasil. As andanças lhe renderam a alcunha de Meia-Légua, e Benedito sempre levava consigo uma pequena imagem de São Benedito, que ganharia um significado mágico.

Benedito reunia grupos de negros insurgentes e aterrorizava os fazendeiros escravagistas da região: invadia as senzalas, libertava outros negros, saqueava e provocava verdadeiros prejuízos aos racistas. Contam que ele era um estrategista ousado e criativo. Uma de suas táticas era criar grupos pequenos para evitar capturas e atacar várias fazendas ao mesmo tempo. A genialidade do plano era que o líder de cada grupo se vestia exatamente como Meia-Légua, e quando um deles era capturado, o verdadeiro reaparecia em outras rebeliões. Por isso, os fazendeiros passaram a crer que ele fosse imortal, e sempre que se ouvia notícias de escravizados se rebelando em alguma fazenda, vinha a pergunta: "Mas será o Benedito?".

O mito ganhou força após uma captura dramática. Benedito chegou a São Mateus, no Espírito Santo, amarrado pelo pescoço e arrastado por um capitão do mato montado a cavalo. Foi dado como morto e levado ao cemitério de

© Alberto Henschel / Instituto Moreira Salles

Benedito Caravelas, conhecido como Benedito Meia-Légua, libertava escravizados no Nordeste do Brasil. Por conta da estratégia que usava, alguns fazendeiros acreditavam que era imortal.

escravizados, na Igreja de São Benedito. No dia seguinte, quando foram verificar do corpo, ele havia sumido e havia pegadas de sangue no chão. Surgiu, assim, a lenda de que ele era protegido pelo próprio santo.

O LEGADO

Meia-Légua só foi morto em sua velhice, manco e doente. Ele dormia em um tronco oco de árvore, quando o esconderijo foi denunciado por um caçador. Os perseguidores, então, ficaram à espreita no local, esperando Benedito se recolher. Na hora certa, tamparam o tronco e atearam fogo. Em meio às cinzas, encontraram a pequena imagem de São Benedito.

Seu legado é um rastro de coragem, fé, ousadia e força para lutar. Ainda hoje, Meia-Légua é representado em encenações de congadas e ticumbis pelo Brasil. Todo dia 1º de janeiro, o cortejo de ticumbi busca a pequena imagem de São Benedito, no Córrego das Piabas, e a leva até a igreja para celebrar a memória de Meia-Légua. Por mais de quarenta anos, ele e seu quilombo resistiram, golpeando o sistema escravocrata.

QUE TAL SE APROFUNDAR?

Documentário *Canto para a liberdade – A festa do Ticumbi* aborda essa manifestação cultural realizada pela comunidade negra em Conceição da Barra, norte do Espírito Santo. Sobre os seus intérpretes e a relação com a realidade, o misticismo, a fantasia e a herança cultural.

© Marco Antonio Sá / Pulsar Imagens

O cortejo ticumbi é uma das homenagens a Benedito Meia-Légua que acontecem até hoje. Todo 1º de janeiro, o cortejo leva a imagem de São Benedito até a igreja de mesmo nome.

Benedito sempre levava consigo uma pequena imagem de São Benedito. Na foto, a Igreja de São Benedito, em São Mateus, Espírito Santo, para onde o corpo de Benedito foi levado após ser morto por um capitão do mato.

Acervo de Coleções Especiais, Sistema Integrado de Bibliotecas, Universidade Federal do Espírito Santo, Brasil

4

BENKOS BIOHÓ E O QUILOMBO IMBATÍVEL NA COLÔMBIA

Historiadores escravagistas sempre omitiram de seus registros a imagem de negros revoltados com o sistema racial. Eles preferiram construir a narrativa com a ideia de que nossos ancestrais negros aceitavam a escravidão, como se acolhessem a inferioridade racial imposta pela Europa. Porém, a primeira pessoa negra raptada para trabalhar nas Américas tornou-se a primeira rebelde.

Como nós, brasileiros, ainda resgatamos nossa própria história africana, é bastante normal, apesar de triste, não conhecermos as histórias de nossos vizinhos. Um líder que me inspira muito é Benkos Biohó e seu palenque, como as comunidades quilombolas da Colômbia chamam seus refúgios. Esse país, irmão sul-americano, é conhecido por hospedar a terceira maior população de negros na diáspora africana.

Benkos era da etnia bijagó, um grupo conhecido pela extrema integridade cultural. Seus membros não aceitavam qualquer rei e era muito comum cometerem suicídio nos navios negreiros para evitar o suplício da escravidão. Os bijagó viviam na região conhecida como Guiné Portuguesa (atual Guiné-Bissau). Ali, com a ajuda dos franceses, britânicos e suecos, foi erguido um dos maiores alicerces do tráfico de negros no início da década de 1600. Benkos e sua família foram vendidos um pouco antes, em 1596.

Não demorou muito para a natureza rebelde dos bijagó se revelar. Em 1599, Benkos, que recebeu o nome Domingos Biohó, liderou uma rebelião de trinta homens em Cartagena das Índias, na Colômbia. O escritor Frei Pedro Simón descreveu o líder como espirituoso, corajoso e ousado, e, apesar dos vinte sujeitos armados que levou consigo, o português Juan Gomez fracassou na tentativa de impedir a fuga do grupo. Biohó e seus homens encontraram um lugar seguro e ergueram paliçadas da maneira que faziam na África Ocidental. O local ficou tão bem protegido que as investidas de invasão sucumbiram uma após a outra.

Marek Popławski / Alamy / Fotoarena

Monumento em San Basilio de Palenque, na Colômbia, retrata Benkos Biohó. Palenque é o nome dado a comunidades quilombolas no país.

Statuette de Femme, Archipel des Bijagos MHNT.ETH. AC.1270 © Didier Descouens, Natural History Museum, Toulouse, France.MHNT.ETH. AC.1270 © Didier Descouens, Natural History Museum, Toulouse, France.

Esculturas retratando as mulheres da etnia bijagó, da qual Benkos fazia parte.

O TRATADO DE PAZ

Sem saber como derrotar os maroons, como eram chamados os negros libertos e foragidos, o governador de Cartagena, Gerónimo de Suazo y Casasola, ofereceu um tratado de paz, em 18 de julho de 1605. O acordo, contudo, só vigorou em 1613, quando seu sucessor, Diego Fernández de Velasco, não teve opção senão concordar com a trégua.

Os quilombolas receberam o direito de trafegar livremente, até mesmo armados, pela cidade. Nessa época, uma imagem de São Basílio ficou presa em uma das paliçadas e muitos acreditaram ser um presságio. Tempos depois, em 1619, o tratado foi violado pelos espanhóis, quando, andando despreocupadamente, Biohó foi surpreendido por um guarda da muralha e aprisionado. Em 1621, ele foi enforcado, no entanto, o quilombo seguiu isolado, sem contato com os soldados da Coroa espanhola.

O assentamento ficou conhecido como Palenque de São Basílio. Os negros mantiveram muito de sua cultura africana original e desenvolveram uma língua própria, misturando os dialetos trazidos da África com o espanhol, e Benkos Biohó se tornou o símbolo da liberdade dos afro--latinos. Infelizmente, muita gente ainda não conhece seu nome e legado, mas descobrir sua história é resgatar nossa própria história e identidade na América Latina.

> **QUE TAL SE APROFUNDAR?**
>
> O documentário *BENKOS BIOHÓ, Palenque y la historia del CIMARRONAJE* en Colombia, da TV pública colombiana, conta a história do líder da resistência do povo afro contra a escravidão.

5

ZACIMBA, A PRINCESA GUERREIRA QUE INVADIA NAVIOS NEGREIROS

Para não falar somente de heróis da raça negra, vou contar a história de uma princesa africana que foi escravizada no Brasil. Nenhuma corrente pôde aprisionar o espírito e a realeza de Zacimba Gaba.

Zacimba, princesa da nação de Cabinda, em Angola, foi comprada por José Trancoso, no porto de São Mateus, no Espírito Santo, em 1690. No começo, o barão não tinha ideia de quem ela era, mas logo percebeu que os negros tratavam a menina de forma diferente. Então, José trancafiou a princesa, humilhando-a, estuprando-a e torturando-a para amedrontar os escravizados. Ameaçava fazer coisas piores e proibiu-a de sair da casa-grande.

Os escravizados começaram a articular uma revolta contra o crápula. Liderados por sua princesa, ajudaram Zacimba a envenenar o barão com "pó pra amansar sinhô",

Rugendas, Johann Moritz, 1802-1858. Négres a fond de calle (1835). / domínio público / Wikimedia Commons

Esta tela, do pintor alemão Johann Moritz Rugendas, retrata o transporte de escravizados em navios negreiros.

feito a partir da cabeça de uma jararaca torrada e moída. Os negros fugiram e formaram um quilombo, onde hoje está o município de Itaúnas, no Espírito Santo. Contudo, não pararam por aí.

A INVASÃO AOS NAVIOS

Reza a lenda que, durante as noites mais escuras, Zacimba e os quilombolas usavam canoas para invadir embarcações e libertar outros irmãos. Era comum que esses navios precisassem esperar a maré subir para chegar ao rio Cricaré e desembarcar. Durante a espera, quando o sol se escondia, os guerreiros de Zacimba atacavam pelas margens e pegavam os marinheiros totalmente desprevenidos.

O sucesso das emboscadas afastou muitos navios negreiros da região. O facão ágil da princesa quilombola não desapontou durante uma década. Seu plano, liderança e obstinação incendiavam os negros, que se lançavam na luta com orgulho.

Sua morte se deu em um desses enfrentamentos, mas seu legado reside até hoje na figura da primeira heroína de São Mateus e do povo africano na diáspora.

QUE TAL SE APROFUNDAR?

O vídeo *Monique Rocha - Zacimba Gaba*, da TV estadual do Espírito Santo, mostra outros fatos da vida da princesa africana.

6

TEREZA DE BENGUELA E O MATRIARCADO NO QUILOMBO DO PIOLHO

Muitos detalhes da história da rainha Tereza desapareceram com o apagamento histórico que as narrativas negras sofreram ao longo dos anos. Não há indícios do local de seu nascimento, se na África ou no Brasil. O que sabemos é que ela viveu no vale do Guaporé, em Mato Grosso. Seus feitos nos levam para o século XVIII, no Quilombo do Piolho, ou Quariterê, uma comunidade que abrigava negros dos dois continentes, além de indígenas e cafuzos.

Inicialmente, o quilombo – localizado próximo ao rio Piolho, em Mato Grosso – era liderado por José Piolho. O local só foi descoberto em 1770 por bandeirantes que caçavam a liberdade dos negros. Contam alguns que José Piolho sucumbiu em combate durante uma das invasões. Então, Tereza, sua esposa, tornou-se rainha, sem titubear no posto. Todos reconheciam sua grandeza.

Florilegius / Alamy / Fotoarena

Native of Benguela

Native of Angola

Reprodução artística de uma mulher de Benguela, reino onde nasceu Tereza, e de um homem de Angola.

A matriarca coordenava a estrutura administrativa, econômica e política da comunidade, por meio de um tipo de parlamento, com conselheiros escolhidos a dedo. Seu sistema de defesa usava armas roubadas dos brancos para assegurar a vida dos mais de cem habitantes do quilombo. Dizem, também, que os instrumentos da escravidão, ali, tornavam-se artefatos para a agricultura e para a forja, que era dominada pelos negros. O algodão ajudava a tecer roupas e outros objetos, que eram vendidos para fora do quilombo. Foram mais de vinte anos desenvolvendo a comunidade e afugentando a Coroa portuguesa. Até que, em 1770, uma bandeira, chefiada por Luís Pinto de Sousa Coutinho, estourou o local e aprisionou a maioria dos integrantes.

O PODER DA MULHER NEGRA

Nesse ponto da história, novamente, as coisas divergem. Há quem conte que Tereza foi morta e sua cabeça pendurada no quilombo, mas também há quem diga que ela se suicidou. Após sua morte, o quilombo tentou se reerguer, mas ataques derradeiros, em 1791, impediram sua reconstrução. Tereza de Benguela se tornou o símbolo do poder e da alma da mulher preta, que vai além dos açoites da história. Uma lei de 2014 instituiu o dia 25 de julho como o Dia Nacional de Tereza de Benguela e da Mulher Negra.

A força e a liderança da mulher negra é um legado roubado pelos historiadores eurocêntricos ao longo do tempo, mas a oralidade e a resiliência afro lutam para resgatar essa história.

> **QUE TAL SE APROFUNDAR?**
>
> No vídeo *Dia nacional de Tereza de Benguela e da mulher negra*, a professora Ana Gilda Leocádio, da EMEF Professor Nelson Pimentel Queiroz, traz importantes reflexões sobre a data.

akg-images/Album / Album / Fotoarena

Não existe registro da imagem de Tereza de Benguela, por isso, a pintura de uma mulher negra feita pelo francês Felix Vallotton foi adotada como uma representação de Tereza.

7

O TRONO DE OURO DO IMPÉRIO AXÂNTI

A história que aprendemos valoriza os reis do continente europeu e ignora as narrativas heroicas dos grandes suseranos da África, mas neste capítulo vou contar a saga de um dos maiores imperadores do planeta. Um homem que é quase um deus para seu povo: Osei Tutu.

O povo axânti ou asante surgiu do grupo étnico akan, um dos mais antigos da história africana – sua origem data de mil anos a.C., segundo alguns registros históricos. Eles sempre tiveram uma organização militar e política complexa, com várias lideranças, e viviam em um regime tributário. Sua tradição era passada de forma oral ou por aforismos impressos em tecidos conhecidos como kente, em que as cores e os padrões construíam frases.

Apesar das riquezas culturais, as alianças entre os chefes de estados da região se mostravam frágeis. Por isso, Osei Kofi Tutu começou uma campanha de unificação das cidades. Osei chegou à liderança de um clã por meio da descendência matrilinear, em que a sucessão do poder segue a linhagem da mãe. Na tradição dos povos akan, são oito as ancestrais geradoras de todas as linhagens, que se dividem em grupos chamados abusua. Esse regime determinava, também, o acesso às terras e o lugar de residência das famílias.

Para que as tradições locais não interferissem em seus planos de fusão, Osei buscou o apoio do seu principal sacerdote, Okomfo Anokye, respeitado por seus poderes místicos, para integrar os rituais e os costumes dos povos. Em um capítulo memorável dessa história, Okomfo teria invocado aos céus um banco dourado que pousou sobre os joelhos do novo rei. Esse trono, Sika Dwa Kofi, seria a materialização da alma de toda a nação e um símbolo sagrado de sua união.

Com o presságio milagroso, Osei unificou todos os povos do Império Axânti, no começo de 1701, assumiu a figura de guia espiritual, político e militar do império e montou um conselho com os antigos chefes de Estado. Durante seu reinado, o império triplicou de tamanho, consolidando-se na região que hoje conhecemos como República de Gana. Osei morreu em 1717, mas seu governo se estendeu por muito tempo. O trono Sika Dwa Kofi foi passado por gerações e bancos passaram a ser ornamentados e tornaram-se símbolos de poder.

Vista de Coomassie, capital do Império Axânti, onde hoje é Gana. Osei Tutu foi responsável pela unificação dos povos do império, assumindo o papel de guia espiritual, político e militar.

Penta Springs Limited / Alamy / Fotoarena

O PACTO COMERCIAL

Por volta de 1814, os axânti mantinham relações comerciais com britânicos e holandeses, apesar de a presença dos europeus sempre despertar alguma tensão nos africanos. Para evitar um rompimento mercantil, os britânicos assinaram um tratado de paz, liderado por Thomas Edward Bowdich, em nome da Companhia Africana de Mercadores – um empreendimento britânico para a exploração da África. Para os axânti, o tratado era um pacto sagrado que não deveria ser violado, já para os britânicos, era apenas uma forma de ganhar tempo e preparar o terreno para a guerra.

Várias situações abalaram o acordo. Em 1823, a guerra estourou contra o governador britânico, sir Charles Mac-Carthy. Os axânti acuaram as tropas inimigas e o conflito foi gerenciado entre conquistas e perdas de territórios. Até que, em 1873, o major-general sir Garnet Wolseley decidiu que Kumase, a sede do Império (escolhida por Osei Tutu), deveria ser destruída como forma de punição aos axânti.

A invasão completa só aconteceu em 1896, com o general Robert Baden-Powell. A Grã-Bretanha, na tentativa de dissolver a unicidade do povo axânti, impediu que novos reis fossem proclamados, colocando um de seus ministros no controle da cidade de Kumase. Por anos, enquanto líderes axânti eram exilados, o povo permanecia esperançoso,

Colonial Office, Commonwealth and Foreign and Commonwealth Offices, Empire Marketing Board, and related bodies / The National Archives

O trono do Império Axânti teria vindo do céu e pousado nos joelhos de Osei. O banco dourado seria um símbolo da materialização da alma de toda a nação e um símbolo sagrado de sua união.

porque o símbolo de sua alma, o trono de ouro, nunca fora encontrado pelos britânicos.

Em 1900, a rainha-mãe, Yaa Asantewaa, liderou uma ofensiva contra o forte britânico construído em Kumase. Chamada de Guerra do Trono de Ouro, muitos líderes axânti foram mortos, incluindo a rainha. Mas tamanha resistência forçou os europeus a considerarem um protetorado para o povo axânti, em 1902, permitindo o retorno do rei Asantehene Prempeh em 1924 e a restauração de um reino axânti, em 1935.

Até hoje, em uma cerimônia chamada Adae Kese, o trono de ouro é exibido em uma procissão. O reino é protegido na Constituição da República de Gana e foi estabelecido com a independência total das colônias em 1957, na região onde existiram, no passado, os impérios dos povos akan. Osei nunca será esquecido.

QUE TAL SE APROFUNDAR?

O documentário *The Golden Stool – History Of Africa with Zeinab Badawi*, da BBC News Africa, conta a lenda do banco dourado (Sika Dwa Kofi), símbolo sagrado do poder axânti e de sua resistência à colonização.

8

A FÚRIA DO ABOLICIONISTA CONHECIDO COMO DRAGÃO DO MAR

Muita gente não sabe, mas o Brasil tem histórias de abolicionistas que fariam qualquer negro estremecer e acender uma chama ancestral de orgulho de nossa luta. Uma delas será contada neste capítulo, a de um guerreiro destemido conhecido como uma fera mitológica: o dragão do mar.

Esta lenda nasceu na praia de Canoa Quebrada, em Aracati, no Ceará. Filho de pescador e de uma tradicional rendeira chamada Matilde, seu nome era Francisco, mas o garoto logo recebeu o apelido de Chico da Matilde.

Nascido no Ceará, Chico da Matilde trabalhava como prático no porto de Fortaleza.

REVISTA ILLUSTRADA. Rio de Janeiro, RJ: Typ. de Paulo Hildebrandt, 1876-1898. Semanal. Mereceu de Joaquim Nabuco esta lapidar definição: a "Revista Ilustrada e a Bíblia da abolicao dos que nao sabem ler". v. 9 nº 376 ano 1884, p. 1 [capa]

Aracati era considerada um ponto militar importante para o Brasil. A partir de 1600, abrigava vários postos, inclusive o Presídio de Coroa Quebrada, na mesma praia em que nascera Francisco. A atividade marítima, fosse para pesca ou grandes comércios, estava presente na cultura daquele local desde que os portugueses encontraram os potiguara, etnia que habitava a região.

O pai de Francisco morreu em meio aos seringais durante uma viagem à Amazônia. A mãe, sem condições de criar o filho, entregou-o para o dono de uma embarcação. O menino começou a trabalhar cedo, tornando-se garoto de recados a bordo do veleiro *Tubarão*. Lá, aprendeu de tudo e teve contato com as mazelas do tráfico negreiro e ganhou consciência das barbaridades que eram cometidas.

Em 1870, Francisco foi morar em Fortaleza, casou-se, comprou algumas jangadas e conseguiu um trabalho como prático do porto. As jangadas eram importantes para desembarcar escravizados e outras mercadorias no cais, porque os navios precisavam atracar um pouco afastados da praia.

A SECA E O MOVIMENTO ABOLICIONISTA

No Ceará, existe uma personagem soturna que acompanha a história do estado: a seca. Durante três anos, ela matou tanta gente que os escravagistas não conseguiam mais manter as fazendas e, consequentemente, as senzalas. Muitos libertaram os escravizados, outros os venderam para o Sul e o Sudeste. A violência da seca atingiu a região e propiciou o alastramento de enfermidades – mais de um quarto da população morreu de varíola e cólera entre 1877 e 1879.

A imagem terrível dos cativos acorrentados dirigindo-se para o porto de Fortaleza, a fim de embarcarem nas

LIBERTADOR, orgam da Sociedade Cearense Libertadora. Fortaleza: [s.n.], 1881-1892. Diária. Não circulou: 1881: abr, out-nov.

LIBERTADOR

1871 VISCONDE DO RIO-BRANCO BAHIANO.

ORGAM DA SOCIEDADE CEARENSE **LIBERTADORA**

1852 DR. PEDRO PEREIRA DA SILVA GUIMARÃES CEARENSE.

Anno IV.	Fortaleza,—Terça-feira 25 de Março de 1884.	N. 63.

HOMENAGEM A PROVINCIA DO CEARÁ
PELA LIBERTAÇÃO TOTAL DOS SEUS ESCRAVISADOS.

SOCIEDADE CEARENSE LIBERTADORA
FUNDADA EM 8 DE DEZEMBRO
DE
1880.

SOCIEDADE PERSEVERANÇA E PORVIR

MUNICIPIOS LIVRES

QUADRO DE LUZ

A escravidão é um roubo.

Municipios Livres	Datas de suas libertações	Escravos existentes em 1881—Relatorio do armador P. Luiz Velloso
1 Acarape	1 de Janeiro de 1883	415
2 S. Francisco	2 de Fevereiro	427
3 Pacatuba	"	318
4 Icó	25 de Março	734
5 Sobral	"	789
6 Maranguape	20 de Maio	"
7 Soure	3 de Julho	843
8 Fortaleza	24 de Maio	"
9 Mecejana	20 "	"
10 Aquiraz	31 "	440
11 Pedra-branca	8 de Junho	497
13 Porteira	27 de Setembro	605
13 Viçosa	20 "	363
14 Canindé	4 de Outubro	"
15 Pentecoste	8 de Dezembro	546
16 S. Pedro de Ibiap.º	11 de Outubro	135
17 S. Benedicto	"	"
18 Varzea-Alegre	22 "	153
19 S. Mathens	27 de Dezembro	409
20 Brejo-secco	31 "	565
21 Jaguaribe-mirim	31 "	550
22 Trahiry	1 de Janeiro 1884	350
23 Sobral	2 "	2,200
24 Santa Quiteria	"	909
25 Aracaty	3 de Janeiro	"
26 Uruhú	"	1140
27 Cachoeira	4 "	500
28 Lavras	"	704
29 Tamboril	18 "	614

SOCIEDADE DAS CEARENSES LIBERTADORAS

MUNICIPIOS LIVRES

QUADRO DE LUZ

A escravidão é um roubo.

Municipios Livres	Data de suas libertações	Escravos existentes em 1881—Relatorio do armador P. L. Velloso
30 Sant'Anna	20 de Janeiro de 1884	415
31 Independencia	28 "	163
32 Camocim	29 "	413
33 Canavieir	30 "	807
34 Morada-Nova	35 "	367
35 Aracaba	"	440
36 S. Bernardo	2 de Fevereiro	1075
37 Granja	10 "	413
38 Uná-Viagem	"	1024
40 Iguaçú (Telha)	"	"
41 Maria Pereira	"	408
43 Bartolha	"	256
43 Palma	"	414
44 Riacho do Sangue	"	413
45 Quixadá	"	188
46 Principe Imperial	"	127
47 S. João do Principe	"	178
48 Imperatriz	"	883
49 Crato	Março	805
50 Ipú	"	730
51 Assaré	"	513
52 Missão-Velha	"	305
53 Limoeiro	"	398
54 Saboeiro	"	505
55 Campo-Grande	"	310
56 Jucás	"	376
57 Jardim	"	400
58 Milagres	"	480

(Coluna central — lista de nomes)

João Cordeiro — José Corrêa do Amaral
Dr. Frederico A. Borges — Antonio Bezerra de Menezes
Antonio Dias Martins Junior — José Theodorico de Castro
Justiniano de Serpa — Dr. Alonso Alvares Affonso
José J. Telles Marcondes — João Carlos da Silva Jatahy
Pedro João J. da Frota — Pedro Bruno H. de S. Figueir.
Isaac Amaral — Francisco J. do Nascimento
Francisco Lopes d'Assis — Raimundo Maciel
Dr. Pedro A. Borges — Antonio Cruz Saldanha
José Affonso Filho — José Barros Silva
Alfredo R. Salgado — Manuel Alfonso Filho
Felippe de Araujo Sampaio — Joaquim Francisco dos Santos
Joaquim Lopes Vianna — Auto A. de Oliveira e Silva
Joaquim Diaz da Rocha — Theodomiro V. de Brito
Lourenço Pessoa — Demetrio J. V. Menezes
Antonio Amaral — Francisco F. de Araujo
W. J. Ayres — Antonio Oliveira

A Libertadora.

Convidado pelo illustre associação — LIBERTADORA CEARENSE — para escrever algumas palavras, á fim de serem transcriptas em seu jornal por occasião do memoravel dia 25 de Março, pezame-me de incommodos de saude não me permittir externar os sentimentos, que inundam meu coração em relação ao grande, nobre e unico facto, que verdadeiramente torna esta Provincia—a primeira do Imperio, entretanto posso chamar feliz a mesma enfermidade, que me proporcionou occasião para pessoalmente assistir ao acontecimento, que, registrado nos fastos do Imperio do Brazil, passará á posteridade com honra dos que tiveram o assombroso commettimento, que forte e suaventente foi inscrever á palavra — NÃO HA MAIS ESCRAVOS NO CEARÁ.

Em se saudo, pois, oh ! Ceará !

Possam as outras tuas irmans do Imperio, imitando o teu generoso exemplo, levantar o grito civilisador da—LIBERDADE—, nobilissima idéa que a Egreja Catholica sempre proclamou.

Faço votos para que aquellas provincias, que não são mais charas, como a em que tenho o berço, e a em que tenho minha residencia official sigam muito de perto os teus passos na senda do progresso.

São estes os desejos do amigo do Ceará.

† LUIZ, ARCEBISPO DA BAHIA.

Parabens ao Ceará

Já não é uma utopia, já uma realidade a redempção dos captivos na Provincia do Ceará !

E bem uma só gotta de sangue se derramou, o nem a ordem social se perturbou !

Muito bem, caros diocesanos !

A religião e a patria não podem ser indifferentes a este facto; esta reservára uma pagina de sua historia para n'ella registral-o, aquella, por intermedio de seus Ministros, entoará canticos ao Senhor por tão boa nova.

E o vosso Bispo, mais cedo do que pensava, terá a inexprimivel alegria de entoar o Te-Deum laudamus em acção de graças ao Todo-Poderoso, por tão grande beneficio.

Aos Libertadores.

Apreciando o movimento a-bolicionista no Ceará perante á assembleia legislativa provincial, termínei dizendo as seguintes palavras em outubro do anno passado:

« Continuemos assim, amparados a lei, ao direito e á razão, e não tardará o dia em que o Ceará possa, a primeira entre suas irmans, o ao som dos hymnos gloriosos da victoria final, gravar em suas fronteiras a luminosa legenda de—Provincia Livre ! »

Pois bem : o dia 25 de Março de 1884 vem justificar as minhas esperanças, glorificando ao mesmo tempo o brioso povo Cearense.

SATYRO DIAS.

Ao Ceará

O dia 25 de Março de 1884 marcará na historia patria uma éra grandiosa e immorredoura, pois relembrará a redempção dos captivos n'esta briosa provincia.

Este exemplo, dado pelo Ceará, será um poderoso incentivo ás suas Irmãs do Norte e Sul do Imperio, para que, imitando-a, possam dentro do mais curto espaço de tempo, formando uma só Constelação, entoar o hymno da verdadeira confraternisação de todos os brasileiros.

Que o grito do Ceará, como o do Ypiranga, seja repetido desde o Amazonas até o Prata.

JOÃO DOS REIS DE SOUZA DANTAS FILHO.

O Ceará Progride.

Não se póde ser indifferente á justiça de uma grande causa. Hostilisa-la é um crime, protege-la uma honra, applaudil-a uma gloria.

O Ceará livre concorrendo ao progresso com os povos civilisados é a prova da nobreza dos sentimentos patrioticos de seus filhos, que devem se mostrar sempre mais dignos, e mais recedores da admiração geral.

Feliciito á minha honrada provincia pelo heroismo com que realisou a redempção de seus captivos ; felicito á opinião publica cearense pela consummação de seus esforços ; felicito a todos que jamais desanimaram na conquista do Ceará, cuja condição prinicpal do trabalho é o bem estar de todos.

Para conhecer-se o que vale o Ceará actualmente, basta dizer-se que o que elle é, deve-se comer-nos aos seus esforços.

BARÃO DE IBIAPABA.

Avante !..

O dia de hoje não é o termo do descanso, quando o batalhador fatigado encosta as armas e repousa sobre o louro á memoria de seus feitos, ao contrario é o signal eloquente de que á lucta vai principiar, implacavel e terrivel, como torrivels e implacaveis são os inimigos da liberdade.

O Ceará livre e não póde ficar estacionario e coberto de glorias no meio do imperio, que o contempla á admira. A sua missão é maior, á tem por fim, á levar a todos os captivos de todas as provincias, que gemem opprimidos pela tyrannia, a reivindicação de seus direitos de homem.

Estacionar agora é morrer, as grandes idéas não têm...

jangadas e, posteriormente, nos navios em direção ao Sul, mobilizou organizações civis engajadas na luta abolicionista. As pessoas da cidade, que também enfrentavam a fome e a morte por causa da seca, foram tocadas de compaixão pela dor dos escravizados que, além de sofrerem por toda uma vida de trabalho forçado, agora eram obrigados a deixar a terra na qual estavam acostumados e tinham começado a construir relações.

Um dos movimentos que se mobilizou para acabar com esse tormento foi a Sociedade Cearense Libertadora, presidida por João Cordeiro, que havia conhecido Chico da Matilde na campanha de apoio às vítimas da seca entre 1877 e 1879. Seu estatuto declarava que "a Sociedade libertará escravos por todos os meios ao seu alcance", além disso contavam com um jornal próprio, o *Libertador*, de 1881.

Em uma das reuniões da Sociedade, surgiu a ideia de realizar uma greve dos jangadeiros, afinal, se eles não transportassem os escravizados, não haveria comércio. A primeira greve foi bem-sucedida, mas não o bastante. Foi quando Chico da Matilde apareceu, assumindo a liderança dos jangadeiros na greve do porto. Jangadeiros, abolicionistas e população se uniram para acabar com a violência. Há relatos de um ataque que impediu que duas escravizadas, de 42 e 12 anos, fossem levadas para o embarque por um militar. Nessa ocasião, Chico foi demitido e passou a ser considerado um símbolo da resistência popular.

Sua fúria aumentou e sua barreira tornou-se inviolável. O movimento se espalhou por todo o Ceará, não deixando alternativa para os fazendeiros a não ser concordar com a abolição. Assim, o estado libertou seus escravizados quatro anos antes da lei que decretou a liberdade por todo o país. Chico da Matilde passou a ser conhecido como Dragão do Mar ou Navegante Negro, e até hoje seu nome é celebrado em escolas, teatros e em exposições como resistência popular cearense contra a escravidão.

QUE TAL SE APROFUNDAR?

Em 2013, o Dragão do Mar foi homenageado pela escola de samba Acadêmicos de Santa Cruz, do Rio de Janeiro, com o Samba-enredo "O Dragão do Mar e a lenda do Ceará".

9

A TRAGÉDIA DE UM PIGMEU ENCARCERADO COMO MACACO

Os danos psicológicos produzidos pelo racismo no povo preto são extremamente poderosos. Muitos são levados à autodestruição silenciosa de forma desesperada. Outros acabam com sua vida. Este capítulo é sobre a trágica vida de Ota Benga, enjaulado e exibido como um macaco.

Ota Benga nasceu entre os mbuti, ou bambuti, um grupo de caçadores-coletores que viveu nas áreas mais remotas da floresta de Ituri, na região em que hoje fica o Congo. Você provavelmente já ouviu falar desse povo pelo nome de "pigmeus", conhecidos por sua pequena estatura, para a qual existem várias explicações, mas nenhuma conclusiva. Para os estrangeiros, a floresta de Ituri pode parecer um lugar tenebroso, mas, para os mbuti, ela é sagrada e eles se reconhecem como seus filhos.

Em 1904, um grupo de mbuti foi sequestrado da floresta e levado para os Estados Unidos. Isso aconteceu após a Force Publique, força militar criada pelo rei belga, Leopoldo II, para atacar a região. Esse grupo militar era formado por mercenários africanos que atuavam no estado Congo Belga. Por ser um povo que se dividia em grupos de, no máximo, sessenta pessoas, o ataque os deixou completamente fragilizados. Ota Benga, com 23 anos, estava entre os sequestrados que atravessaram o Atlântico como escravizados. Apesar de a estatura lhe conferir a aparência de uma criança, o mbuti havia sido casado duas vezes. Sua primeira família (esposa e filhos) foi morta por colonizadores brancos, e a segunda esposa morreu envenenada após ser picada por uma cobra.

Para aproximá-lo do conceito de selvagem e da ideia reforçada pelo racismo científico de que negros eram iguais a animais selvagens, os dentes de Ota Benga foram limados.

© Bain News Service, publisher / Library of Congress, Prints & Photographs Division, [LC-DIG-ggbain-22741, e.g., LC-B2-1234]

Nascido na região em que hoje fica o Congo, Ota Benga foi capturado e levado aos Estados Unidos no começo dos anos 1900. Foi atração da Exposição Universal, em St. Louis, e depois passou a ser exibido no zoológico do Bronx.

© domínio público / Missouri Historical Society, St. Louis

Como já vimos, os supremacistas da época tinham o terrível costume de exibir negros em zoológicos humanos. E foi assim que Ota Benga se tornou atração na Exposição Universal de 1904, em St. Louis, com outros pigmeus. A intenção da exposição era ser extremamente científica e mostrar as etapas da "evolução humana" e, para isso, faziam questão de exibir os homens pretos de pele mais retinta possível para contrastar com os brancos. Foram dois anos viajando em exposições. Em 1906, Ota começou a ser exibido junto a macacos do Zoológico do Bronx. Seu pequeno tamanho, próximo de 1,5 metro, facilitava a comparação com os primatas e ajudava um dos piores homens da história, o diretor do zoológico, William Temple Hornaday, a promover a sádica ciência racial que estava sendo desenvolvida.

Com o tempo, o pigmeu foi obrigado a viver em uma gaiola de chimpanzé, acompanhado por um orangotango, chamado Dohang, e obrigado a interagir com ele. Os absurdos iam além do encarceramento. Seus dentes foram limados para ganharem um formato pontiagudo, aproximando o pigmeu do conceito de "besta" que a ciência racial queria construir para os negros. O *Minneapolis Journal* publicou uma fotografia de Benga segurando um macaco e afirmou: "Ele está prestes a se aproximar do elo perdido como nenhuma outra espécie humana já encontrada".

TENTATIVAS DE LIBERTAÇÃO

Porém, as igrejas afro-americanas dos Estados Unidos usaram sua influência para liderar protestos e pressões em jornais em busca de libertar Benga. Liderados pelo reverendo James Gordon, alguns pastores formaram uma comitiva para tentar se comunicar com Ota. Frustrados, apenas conseguiram ler a tristeza na face do pequeno homem. "Achamos que

Esta imagem mostra uma das atrocidades sofridas por Ota Benga. Ele teve seus dentes limados para ficar mais próximo do conceito de besta pregado pela ciência racial.

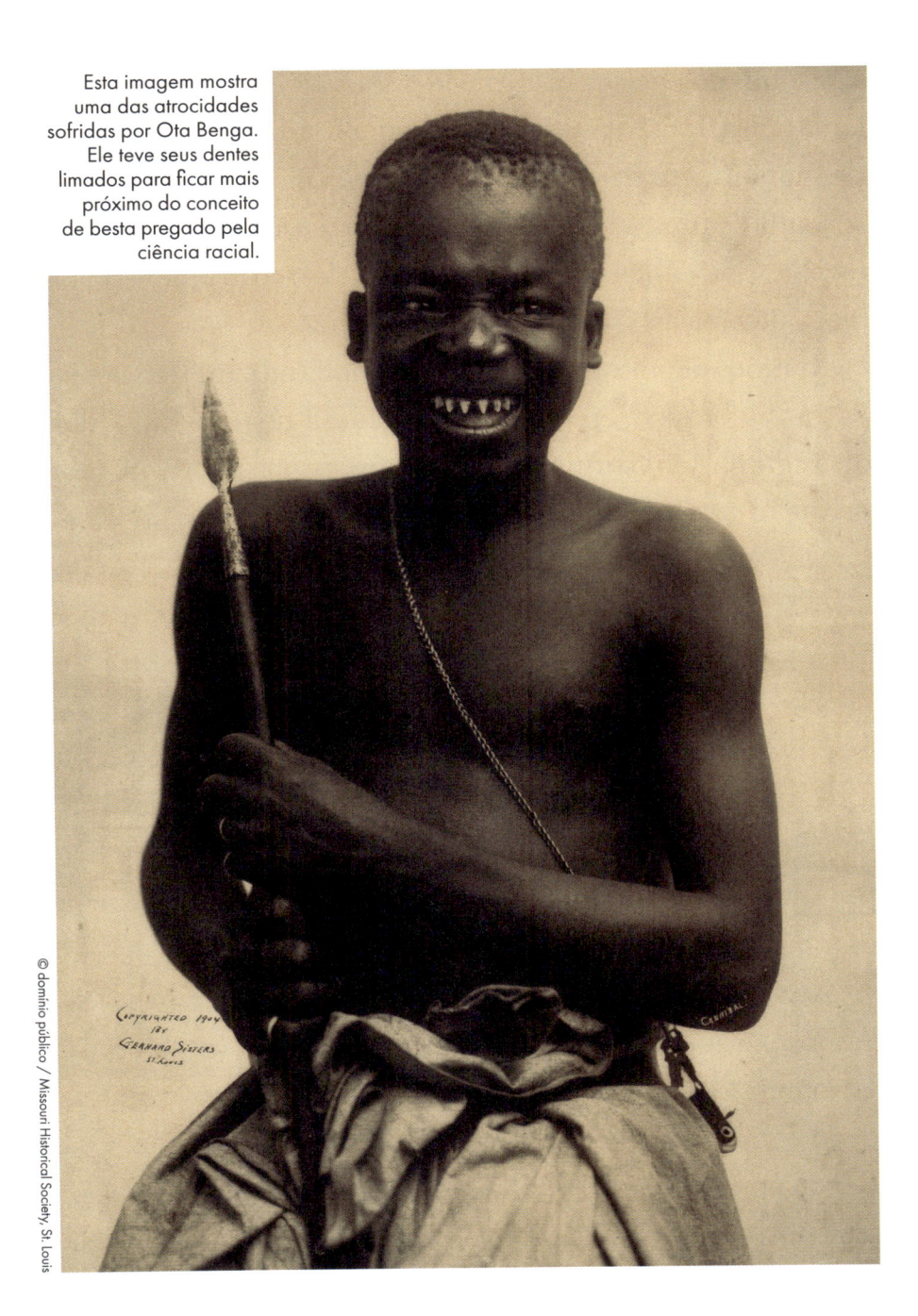

© domínio público / Missouri Historical Society, St. Louis

somos dignos de sermos considerados seres humanos com almas", afirmou o reverendo. Enquanto isso, os norte-americanos brancos defendiam a exibição com a justificativa de se tratar de uma forma educacional de mostrar as diferenças raciais. Colocá-lo em exposição no zoológico promoveria os mais altos ideais da civilização moderna.

Tempos depois, John Henry Millholland, um rico nova-iorquino branco, empático com a causa negra e fundador da Liga da Constituição, grupo que protestava contra a privação de direitos dos negros no Sul, financiou o processo iniciado nos tribunais pelo reverendo James Gordon. Jornais afro-americanos começaram a pressionar a prefeitura e até mesmo o *The New York Times*, que defendeu a exposição racista, passou a publicar artigos citando os líderes negros e as investidas contra o zoológico. Benga também começou a recusar de forma violenta as apresentações. Sempre que tentavam devolvê-lo à gaiola, ele mordia, chutava e lutava para se libertar. Em pelo menos uma ocasião, ele ameaçou os guardas com uma faca.

Ao final de 1906, Ota Benga foi libertado de maneira silenciosa e enviado a um abrigo para pessoas negras, o Howard Coloured Orphan Asylum. Em 1910, houve uma tentativa de integrá-lo à sociedade. Em Lynchburg, na Virgínia, Ota Benga aprendeu inglês e passou a trabalhar e a sonhar com seu retorno à África. Seu desejo, porém, nunca se concretizou.

Com o início da Primeira Guerra Mundial, em 1914, as viagens a passeio para fora do continente foram interrompidas. Deprimido, em 1916, acendeu uma fogueira, dançou de forma triste durante a noite e, então, dirigiu-se a um galpão velho, onde disparou uma única bala contra seu coração.

QUE TAL SE APROFUNDAR?

O documentário *Zoos humanos: a história esquecida da América do racismo científico*, da Discovery Science, conta a história chocante de como milhares de povos indígenas foram expostos ao público nos Estados Unidos nas primeiras décadas do século XX.

10

A REALEZA NEGRA QUE SURGIU DAS MINAS DE OURO PRETO

Você já deve ter ouvido falar da encenação da coroação dos reis do Congo, a congada. Cada uma traz uma narrativa dramática de luta e poder pelo reinado dos negros. Este capítulo irá revelar a história de uma das figuras mais míticas do imaginário negro, Chico Rei.

Seu nome original era Galanga. Nasceu rei no Congo, mas foi escravizado e trazido para o Brasil em uma embarcação conhecida como *Madalena*. Não podemos esquecer como a viagem em si já era uma peleja desumana, em que muitos sucumbiam no caminho por causa de doenças, fome e desespero. O destino de Galanga foi ainda pior: quando uma tempestade se formou, dificultando o trajeto, os portugueses, que temiam a ira e a vingança dos deuses africanos, resolveram jogar alguns escravizados no mar. Galanga viu sua esposa, a rainha Djalô, e sua filha, a princesa Itulo, morrerem no oceano.

Tempos depois, os negros sobreviventes foram forçados a trabalhar em Vila Rica, nome que a cidade de Ouro Preto, em Minas Gerais, tinha na época. Como de costume, os brancos mudaram o nome do rei do Congo para destruir a memória de seu povo e sua linhagem. Galanga virou Francisco, depois Chico. Ele trabalhou junto de seu filho durante muito tempo na mina Encardideira.

Chico tinha uma genialidade peculiar. Escondia ouro no cabelo e passava batido pelos senhores, lavando a cabeça, no final do dia, para acumular o próprio dinheiro. Nessa época, negros podiam comprar sua liberdade: existiam vários escravizados de ganho, ou seja, que tinham trabalhos remunerados e que deviam repassar parte do que ganhavam aos senhores.

O SEGREDO DA SANTA

Chico era devoto de Santa Ifigênia, filha do rei etíope Égipo. A santa teria aparecido para ele na mina, e foi ela que mostrou que o ouro seria a chave da liberdade para ele e todos os irmãos africanos. O ouro que Chico lavou de seu cabelo foi tanto que ele pôde comprar a liberdade, a de seu filho e a de vários outros africanos, que logo reconheceram sua realeza. Após a reconquista do reinado de Chico, seu grupo criou uma irmandade devota à santa.

Em 1785, o grupo construiu a Igreja do Alto da Santa Cruz e a inauguraram com festas, danças e cantos que festejavam a alforria de seu povo – um prelúdio do que é atualmente a congada. Chico Rei morreu aos 72 anos de hepatite e seu filho assumiu o trono.

Não existem indícios históricos que comprovam todos esses fatos, mas qual historiador da época se alegraria com a narrativa de um rei negro no Brasil? Para o povo negro, Chico Rei se mantém vivo pela congada em Minas Gerais. Na festa, ele é coroado antes da

Emissão comemorativa dos Correios, realizada em Fevereiro de 1974, para divulgação das Lendas Brasileiras

Em 1974, os Correios produziram uma série de selos em homenagem a lendas brasileiras, uma dessas lendas era Chico Rei.

missa cantada. Depois, aparece com a rainha e a corte, vestido de ricos trajes, e é seguido por dançarinos e músicos que utilizam caxambus e pandeiros. A história sempre foi contada pelo opressor, mas, hoje, a existência e o legado de Chico Rei são celebrados para não serem esquecidos.

QUE TAL SE APROFUNDAR?

Escute a música "Chico Rei", composta por Binha, Djalma Sabiá e Geraldo Babão, cantada por Martinho da Vila.

Devoto de Santa Ifigênia, Chico Rei ajudou a construir, em Ouro Preto, a Igreja do Alto da Santa Cruz.

© Rubens Chaves / Pulsar Imagens

11

O GENOCÍDIO PROMOVIDO PELO REI LEOPOLDO NO CONGO

Existe muita injustiça histórica contra o povo africano. Houve atos terríveis. Mas a maioria das atrocidades lembradas em histórias, filmes e documentários retratam o povo branco, como o holocausto judeu. Assim vemos como à vida dos negros não é dada a importância que deveria receber.

Vários foram os crápulas e carrascos do povo africano durante o período escravagista. Um deles tornou-se a expressão viva do inferno na terra: Leopoldo Luís Filipe Maria Vítor, o segundo rei da Bélgica. Considerado na Europa como um monarca "filantropo", Leopoldo II comprou terras na região do Congo para exploração comercial. Em seguida, criou a Associação Internacional do Congo, que aterrorizava vilas inteiras enquanto explorava marfim e borracha, utilizando a mão de obra nativa.

ABAIXO E AO LADO
Leopoldo II, conhecido como Leopoldo do Congo, usava mão de obra nativa para a exploração de borracha e marfim. Os trabalhadores que não atingiam sua meta de produção tinham seus membros decepados.

World History Archive / Alamy / Fotoarena

É importante ressaltar que o mundo estava vivendo o *boom* da exploração da borracha desde 1890, e a região do Congo era rica em *Landolphia owariensis*, seringueira branca da qual era extraída a matéria para a criação da borracha. Os trabalhadores que não alcançavam as metas impostas tinham os membros decepados. Cestas cheias de mãos se tornaram símbolo do trabalho escravo e da punição que sofriam.

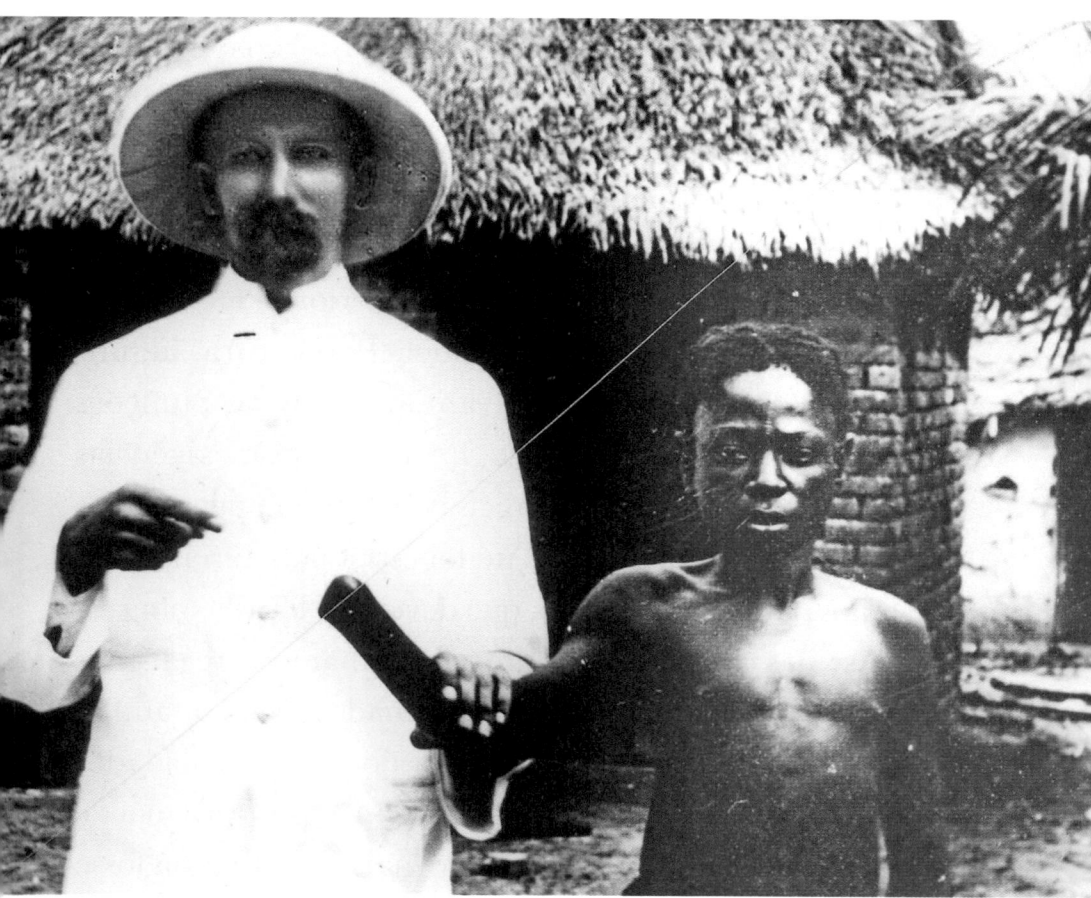

World History Archive / Alamy / Fotoarena

No entanto, ninguém contou para as pessoas que sua terra havia sido vendida e que tinham se tornado propriedade desse rei. Leopoldo queria enriquecer a todo custo, visando lucrar o máximo que pudesse com o mínimo de recursos, usando toda a força e crueldade disponíveis para alcançar seus objetivos. As terras que ele adquiriu no Congo tinham uma área 75 vezes maior que a própria Bélgica, e a essa ocupação deu o nome de Estado Livre do Congo.

Foi criada uma força pública de defesa, a Force Publique, composta por oficiais belgas e mercenários africanos. Um dos principais oficiais era Oscar Michaux, conhecido pelo nome africano Kibalanga. O exército de Leopoldo fazia alianças com etnias inimigas, colocando umas contra as outras, forjando acordos que, posteriormente, seriam quebrados para manter seu poder. Porventura, alguns integrantes do exército tentavam amenizar as punições de seus iguais. Para evitar isso, Leopoldo criou exigências para comprovar lealdade: precisavam apresentar as mãos decepadas de cada pessoa. Até foi estipulado um número de mãos para cada soldado, que deveriam levá-las em cestas. As vilas que se recusassem a trabalhar e entregar suas cotas eram completamente exterminadas. Nem a família dos próprios soldados era eximida do suplício. Soldados fizeram jovens matarem ou estuprarem as próprias mães e irmãs. Se um homem não pudesse mais trabalhar ou fosse castigado com a perda das duas mãos ou dos pés, quem teria seus membros decepados seria sua esposa e seus filhos, pois eles precisavam cumprir as metas de qualquer forma.

Landolphia owariensis, seringueira branca de onde era extraída a matéria-prima para produção da borracha.

© domínio público / GetArchive

NÚMEROS DO TERROR

Além dos pagamentos já cobrados, muitas vezes mulheres eram sequestradas, e exigiam o gado como resgate. Quando uma aldeia se rebelava ou não pagava a cota, a vila inteira era queimada, os homens degolados e as mulheres estupradas. "Bastava cem cabeças cortadas fora e a estação voltava a ser abastecida com fartura", registram alguns relatos históricos. Não existe um número exato de mortos, mas as estimativas vão de oito a vinte milhões.

É importante fazer um comentário sobre esses números: o Congo era um país muito grande, com milhares de habitantes, mas obviamente os escravagistas europeus não tinham intenção alguma de promover enterros ou registros para esse povo. Homens, mulheres e crianças que sucumbiram por conta da escravidão eram enterrados como indigentes ou queimados em uma vala qualquer.

Após 1903, várias denúncias começaram a repercutir internacionalmente, o que rendeu uma investigação realizada pelo cônsul britânico no Congo, Roger Casement. Porém, apenas após uma foto de um congolês triste, Nsala, sentado na varanda da casa de um missionário, observando os membros decepados da filha de 5 anos, que o rei Leopoldo II foi afastado e obrigado a renunciar sua propriedade privada. Em 1908, o parlamento belga assumiu a administração do

Estado Livre do Congo, agora sob o nome de Congo Belga. O povo só conseguiu a independência na década de 1960 – sim, há pouco mais de sessenta anos! –, mas a dinâmica de guerras e revoltas internas, fundadas pela exploração belga, não se dissipou.

Em muitos lugares, as pessoas ainda citam Hitler como o maior dos algozes da humanidade. Como disse o rapper Emicida: "A dor dos judeus choca, a nossa gera piada".

QUE TAL SE APROFUNDAR?

O documentário *The King Leopold Ghost* contextualiza a violência no Congo Belga.

12

VÊNUS NEGRA, A HIPER-SEXUALIZAÇÃO DA MULHER PRETA

A hipersexualização do corpo negro feminino expresso, por exemplo, no estereótipo da mulata, é uma das maiores feridas deixadas pelo racismo. É uma imagem tão impregnada na psique brasileira que as pessoas não percebem quando estão reproduzindo essa expressão racista. Esta história mostra como os europeus tratavam com desumanidade mulheres pretas, em especial uma delas, conhecida como Vênus Negra.

Há cerca de duzentos anos, holandeses se depararam com diferentes grupos africanos: os khoikhoi e os san, descendentes dos primeiros caçadores-coletores, e os khoisan, pastores que habitaram a África dezenas de milhares de anos atrás. A anatomia dos khoisan varia ligeiramente dos outros povos africanos: sua estatura tende a ser mais baixa, e as mulheres, em geral, têm grandes nádegas. Os primeiros holandeses que chegaram na região dos khoisan chamaram esse povo pejorativamente de "hotentote" (do alemão "gago"), devido à peculiaridade da língua falada, cujo som parecia o de cliques ou estalos.

Várias dessas mulheres foram capturadas para as tenebrosas turnês pela Europa. Uma delas era Sarah "Saartjie" Baartman, que ficou conhecida na Europa como a Vênus Hotentote por seu padrão físico tido como grotesco, não apenas pelo formato de suas nádegas, mas também por sua genitália.

Analfabeta, Sarah supostamente assinou um contrato com o cirurgião inglês, William Dunlop, e o empresário, Hendrik Cesars, dono da casa em que ela trabalhava, aprovando sua exibição e, em 1810, foi levada para o Reino Unido. A exibição em Londres causou escândalo e a sociedade filantrópica African Association levou o caso para os tribunais, mas, em seu depoimento, a própria Sarah alegou não se sentir ofendida. Há historiadores que apontam que o depoimento poderia ter sido sob coerção, por medo de sofrer castigos. Ela vivia enjaulada, era obrigada a subir no palco e a mexer sua bunda,

BRITISH LIBRARY/SCIENCE PHOTO LIBRARY/ Fotoarena

Sarah "Saartjie" Baartman foi levada para a Europa, onde era obrigada a exibir seu corpo, que fugia dos padrões da sociedade europeia da época.

deixando-se ser tocada por qualquer curioso ou pervertido que pagasse um pouco mais. Em 1814, foi vendida a um domador de animais francês, que a exibia totalmente nua.

A BIOLOGIA RACIAL

A Vênus Hotentote foi exposta para multidões de pessoas, a maioria homens embriagados que a apalpavam. Foi zombada e caricaturada em vários desenhos. Até mesmo cientistas acabaram atraídos pela exposição e fizeram inúmeras teses de como as dimensões corporais de mulheres negras se aproximavam às de animais. Nesse período, era fundamentada a biologia racial, que já discutimos no início deste livro. Apesar de ser tratada hoje como pseudociência, na época, era parte do conhecimento formal da ciência tradicional. Entre 1814 e 1870, houve, pelo menos, sete publicações científicas em que a anatomia dos corpos de mulheres negras era comparada à de mulheres brancas.

Caricaturas produzidas exageravam suas proporções, com a intenção racista de marcar a diferença entre as mulheres negras e as brancas, tidas como civilizadas e humanas. Essas apresentações feriam a alma da khoisan. Sarah passou a beber e a fumar sem parar, e provavelmente foi prostituída. Morreu em 29 de dezembro de 1815, aos 26 anos, acometida por uma "doença inflamatória indeterminada". Acredita-se, atualmente, que foi resultado de pneumonia, sífilis ou alcoolismo.

Até 1974, era exposto no Museu do Homem de Paris um modelo em gesso do corpo de Sarah, que o naturalista Georges Cuvier fez antes de dissecá-lo. Ele também preservou o esqueleto e colocou o cérebro e os órgãos genitais em frascos, que foram exibidos em 1817 na Academia Nacional de Medicina da França. Cuvier foi um dos primeiros pensadores a oficializar em uma publicação o termo "raça" no conceito moderno. Sua obra sobre Sarah fundamentou muitas das teorias racistas que a ciência viria a desenvolver posteriormente.

Em 1994, o líder sul-africano Nelson Mandela exigiu a devolução dos restos mortais da khoisan para a África. Enfim, Sarah Baartman foi enterrada em Hankey, na província onde nasceu. Vários livros foram escritos sobre essa história absurda que o racismo europeu promoveu. O filme *Vênus negra* é dramático e requer estômago para ser assistido, mas é uma ótima indicação para entender essa narrativa tão trágica.

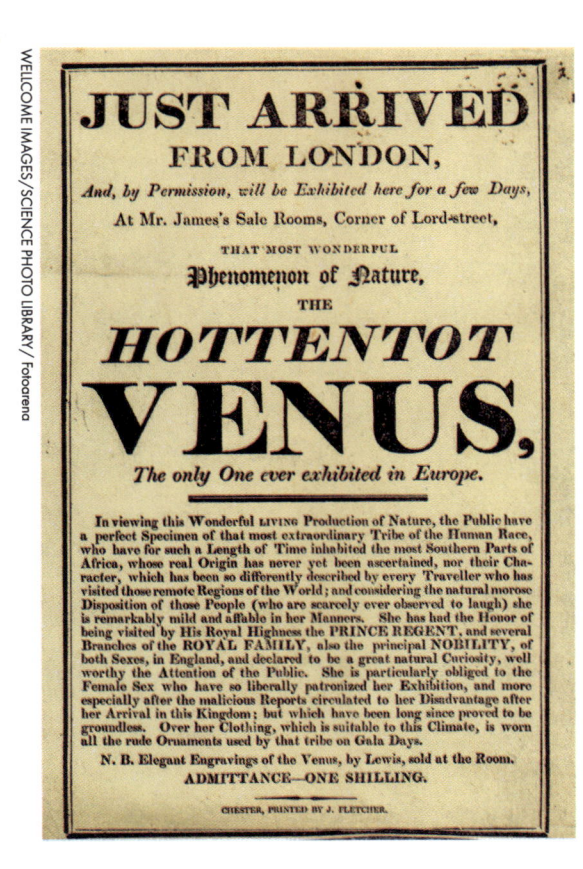

WELLCOME IMAGES/SCIENCE PHOTO LIBRARY / Fotoarena

Cartaz convidava expectadores para a exposição de Sarah, chamada de Vênus Hotentote. Hotentote era um termo pejorativo para se referir ao povo khoisan, já "Vênus" era uma referência à deusa romana do amor.

QUE TAL SE APROFUNDAR?

O filme *Vênus Negra*, de Abdellatif Kechiche, conta a história de Saartjie Baartman. A produção é estrelada por Yahima Torres, Andre Jacobs, Oliver Gourmet e Elina Löwensohn.

13

ZION, A TERRA PROMETIDA PARA OS IMPERADORES DA ETIÓPIA, E BOB MARLEY

Você já ouviu Bob Marley e deparou-se com várias referências ao leão de Zion? Em 1973, o cantor jamaicano gravou "Iron Lion Zion", que traz à tona sua crença no movimento rastafári. Vamos falar agora sobre essa crença e sobre a terra prometida de suas canções.

A Etiópia é um dos pontos mais importantes para a humanidade. Anteriormente conhecida como Reino de Axum, ou Askum, foi um dos mais poderosos reinos que já existiu na África e o primeiro império cristão da humanidade. No século IV, alcançou seu auge, e sua grandeza era observada por todos: o reino mantinha rotas de comércio que iam da Índia à Península Arábica e uma dinastia com uma origem surpreendente.

Os reis etíopes acreditavam ser descendentes do rei Salomão e da rainha Makeda. Provavelmente, você irá se lembrar dessa poderosa mulher pelo título Rainha de Sabá. Essa narrativa está descrita no *Kebra Negast*, que traduzimos como *Glória dos Reis*, um conjunto de lendas sobre a dinastia salomônica. Esse livro, considerado de inspiração divina, estabelece os etíopes como descendentes das tradições de Israel e profetiza a ascensão de seu reino sobre o de Roma e o dos judeus, em Jerusalém.

Durante o fim do século XIX, várias correntes ideológicas e políticas procuraram resgatar a origem dos povos negros e faziam apelos para que o povo da diáspora voltasse à África. Uma das principais foi o Movimento Etíope, que surgiu na África do Sul, quando dois grupos se separaram das igrejas anglicana e metodista. Esse resgate se intensificou em 1925, por conta de um nome muito importante na história negra mundial: Marcus Garvey (1887-1940). Ele impactou diversos movimentos quando, no Harlem, em

© Library of Congress, Prints & Photographs Division, [LC-USZ61-1854, e.g., LC-B2-1234]

Marcus Garvey foi fundador da Associação Universal para o Progresso Negro, conhecida popularmente como movimento "Volta para a África".

Nova York, Estados Unidos, fundou a Associação Universal para o Progresso Negro (UNIA).

Garvey colocou fogo na alma e na mente de muitas pessoas com uma profecia sobre um rei que seria coroado na África para libertar todo o povo negro da colonização. Um de seus inspirados seguidores foi o jamaicano Leonard Howell (1898-1981), que passou anos como integrante da UNIA e chegou a ser preso e deportado dos Estados Unidos por conta de sua mensagem sobre o poder negro e o anticolonialismo. Na Jamaica, Howell começou a pregar o que foi chamado de "rastalogia", a teologia do movimento rastafári, e é conhecido por muitos como "O primeiro rastafári". Sua crença refere-se a Deus como Jah, e ao antigo imperador da Etiópia, Haile Selassie (1892-1975), como seu messias, ou mesmo sua encarnação. A profecia de Garvey levou muita gente a crer que Haile era o escolhido – e vem daí o termo "rastafári", que deriva de seu nome original, Tafari Makonnen, junto da palavra "ras", que significa "rei" ou "príncipe".

O MOVIMENTO RASTAFÁRI

"Zion" é uma palavra de origem hebraica que significa "cume", e geralmente alude a uma das colinas de Jerusalém onde teria existido o Templo de Salomão, local escolhido por

Leonard Howell, seguidor das ideias de Garvey, criou o que ficou conhecido como "rastologia". Sua crença refere-se a Deus como Jah e apresenta Haile Selassie (imagem abaixo), antigo imperador da Etiópia, como messias.

Bridgeman Images / Fotoarena

Deus na tradição cristã. Na reinterpretação do movimento rastafári e na profecia de Garvey, essa Terra Prometida seria a própria Etiópia. Rastas refletem nela seu desejo de escapar da dominação e da degradação que experimentaram na Babilônia, simbolizando todo o processo de colonização e escravização dos negros. Não existe um papa rasta, nem um cânone religioso ou catecismo. Aliás, eles enxergam cristãos brancos com muita desconfiança, já que os rastas não acreditam que oprimidos e opressores possam servir ao mesmo Deus.

Talvez, por não haver um modelo de evangelização ou pelos conflitos políticos que

O cantor jamaicano Bob Marley é considerado o maior representante do reggae. Suas músicas pregavam a liberdade, a paz e o respeito.

QUE TAL SE APROFUNDAR?

Ouça a música "Zion Train", de Bob Marley.

a Jamaica enfrentou na época de seu surgimento, o movimento se manteve retraído até a década de 1960, quando vários cantores de reggae se tornaram rastafári. Foi Bob Marley (1945-1981) que ajudou a popularizar a ideologia do movimento, não apenas dentro da Jamaica, mas por todo o mundo.

Trinity Mirror / Mirrorpix / Alamy / Fotoarena

Na cultura pop, Zion aparece na trilogia de filmes Matrix como refúgio dos últimos humanos – por isso eles eram negros. Essa referência também estava no clássico livro cyberpunk *Neuromancer*, de William Gibson, que inspirou os filmes. Infelizmente, Gibson não foi capaz de fugir ao racismo de sua época e criou os personagens de Zion com trejeitos e dialetos rudimentares, em uma visão preconceituosa da cultura negra. Já as irmãs Wachowski, diretoras de Matrix, conseguiram um bom resultado com a adaptação.

Outra referência na cultura pop é a música "To Zion", da cantora americana Lauryn Hill, em que ela diz: "Agora a felicidade do meu mundo está em Zion/ Como se nada fosse mais belo do que esperar na porta de Zion". Lauryn nunca se declarou adepta ao movimento rastafári, mas a música é dedicada a seu primeiro filho, Zion, com seu ex-marido, Rohan Marley, filho de Bob Marley.

Bob Marley é o maior representante do reggae, um gênero musical que nasceu na Jamaica e deu voz a grupos marginalizados, por meio de músicas que pregavam liberdade, paz, respeito e amor ao próximo.

14

A TRAIÇÃO DO EXÉRCITO RIO-GRANDENSE E A CHACINA DOS LANCEIROS NEGROS

Uma das guerras mais importantes do país, a Revolução Farroupilha, foi também palco de uma das histórias mais controversas, desleais e intragáveis da sociedade brasileira. Os negros que lutaram com o exército do Rio Grande do Sul receberam a morte como recompensa no Massacre de Porongos.

Tudo começou na Revolução Farroupilha (1835-1845), também conhecida como Guerra dos Farrapos, que colocou o Império contra os rio-grandenses proprietários de terras, que lutavam pela autonomia provincial. Na época, o Brasil dividia-se em províncias e o Rio Grande do Sul era a província de São Pedro do Rio Grande do Sul. Os farrapos, como ficaram conhecidos, eram os insurgentes gaúchos que queriam independência, proprietários rurais que reivindicavam a diminuição dos impostos e das taxas de exportação. A província já tinha um amplo histórico de divisões ideológicas com o governo regente e, por várias vezes, tentou instaurar um governo próprio.

Eram muitas as frentes de batalha: enquanto algumas tentavam destituir o presidente provincial em Porto Alegre, outras confrontavam o exército do Império. Quando a revolução tomou caráter separatista, foi proclamada a República Rio-Grandense, em 1835. Com uma nova república, as regras poderiam ser diferentes, inclusive as leis sobre a escravidão. Mas engana-se quem acredita que os rio-grandenses eram abolicionistas ou visionários da liberdade para todos. A guerra, que já durava anos, necessitava de recursos bélicos e principalmente de soldados.

A princípio, os negros mantiveram o trabalho escravizado, mas logo foram convidados à luta pela nova república, sob a promessa de que receberiam a liberdade quando a guerra chegasse ao fim. Morrer no campo de batalha era melhor do que no tronco com grilhões, e muitos agarraram a chance com fervor. Dois corpos militares foram criados com mais de quatrocentos homens que vinham, de início, dos atuais municípios de Canguçu, Piratini, Pedro Osório, Arroio Grande, entre outros. Infelizmente, nem todos os rio-grandenses estavam empenhados em cumprir a promessa, a maioria dos negros não foi liberta pelos farrapos; no máximo, eles venderam sua mão de obra para a guerra.

Os negros nunca tiveram os mesmos ideais da República Rio-Grandense, só estavam ali por sobrevivência e pela esperança de liberdade. Apesar disso, lutaram com ferocidade e aterrorizaram os militares do Império. "Nunca vi, em nenhuma parte, homens mais valentes, em cujas fileiras aprendi a desprezar o perigo", disse Giuseppe Garibaldi, conforme conta sua biografia, escrita por Alexandre Dumas. Participaram de batalhas importantes, como a Batalha do Seival, quando os revoltosos gaúchos enfrentaram as tropas imperiais para derrubar o presidente da província.

A GRANDE TRAIÇÃO

Com quase dez anos de duração, o conflito tornou-se danoso para ambos os lados, já que o Império não reconhecia aquela província como República. Então, uma tentativa de finalizar o conflito de forma diplomática foi feita, o Império prometeu, até mesmo, ressarcir os gastos de alguns proprietários de terra. O tratado de paz começou a se consolidar entre o Império e a República Rio-Grandense, mas um grande impasse surgiu: o que fazer com os lanceiros negros que lutaram por quase uma década ao lado dos farrapos? O Brasil não iria alforriar negros com treinamento militar. Alguns farroupilhas entregaram os negros de volta à escravidão. Outros imaginaram que essa ação poderia deflagrar uma rebelião violenta, pois sabiam que escravizar novamente aqueles negros era traição.

Em 1844, Duque de Caxias, responsável pela iniciativa do tratado, e o general farroupilha, David Canabarro, encontraram uma solução para o conflito. Canabarro ordenou que os lanceiros negros montassem acampamento, desarmados, no local conhecido como Arroio Porongos, atualmente chamado de Pinheiro Machado. Na época, os acampamentos eram segregados, dessa maneira, os farroupilhas estavam em outro local e a ordem não parecia apresentar problema, já que um tratado de paz estava para se concretizar. Porém, na madrugada do dia 14 de novembro daquele ano, os lanceiros negros foram atacados pelo exército imperial.

"No conflito poupe o sangue brasileiro quanto puder, particularmente da gente branca da Província ou índios, pois bem se sabe que essa pobre gente ainda pode ser útil no futuro." Assim dizia a carta enviada por Duque de Caxias ao coronel Francisco Pedro de Abreu, que comandava o ataque covarde.

© domínio público / GetArchive

A obra do pintor uruguaio Juan Manuel Blanes representa um lanceiro negro, como ficaram conhecidos os negros que lutaram na Revolução Farroupilha. Embora tenham recebido a promessa de alforria, muitos foram devolvidos à escravidão após o conflito.

Essa traição ceifou a vida de mais de seiscentos soldados, assassinados pela tropa imperial. Duque de Caxias tornou-se o patrono do Exército Brasileiro. Relembrar essa história é honrar os verdadeiros heróis da liberdade, que lutaram para destruir a sombra da escravidão para que pudessem viver em um país melhor.

QUE TAL SE APROFUNDAR?

O programa *Nação*, do canal da TVE no YouTube, tem um especial sobre o massacre de porongos.

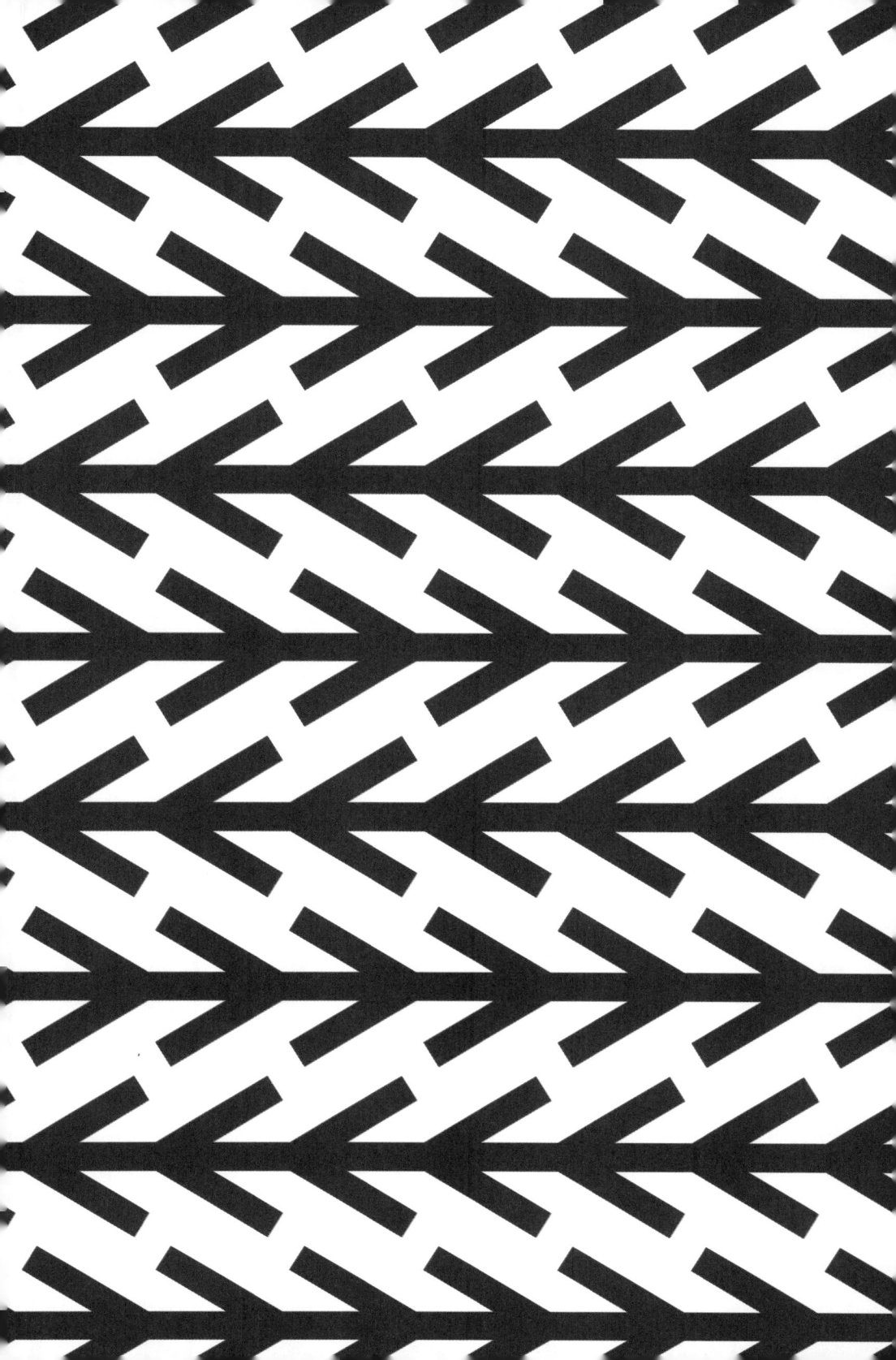

15

A ORIGEM DA MANDINGA NO BRASIL

Uma história intrigante e que já é bem difundida fala sobre a origem do termo "mandinga". No Brasil, a palavra virou sinônimo de feitiçaria. Sua origem nos leva até os grupos islâmicos de negros que viveram em nosso país.

Existiu, no Brasil colonial, um grupo de negros islâmicos chamado malê, que em iorubá significa "muçulmano". O islã chegou à África apenas um século depois de seu surgimento como religião, começando pelo Egito, no século VII, onde a língua e a cultura árabes criaram califados. Hoje é a religião com maior número de adeptos no continente. A natureza do islã sempre foi multicultural devido à região em que se originou ser a interseção entre vários países da África e da Ásia – antigamente conhecida como Afro-Ásia –, estabelecendo rotas comerciais que geravam um fluxo intenso.

Um dos grandes grupos étnicos africanos-muçulmanos era o mandinga. Quando eles chegaram ao Brasil, no século XVIII, mostravam-se mais instruídos que os próprios senhores. Isso, claro, gerou um desconforto imenso, que tentou ser resolvido colocando os malês na posição de capitães do mato ou de escravizados de ganho, para que realizassem tarefas remuneradas a terceiros, repassando parte da quantia recebida para seus senhores.

Era costume que todos carregassem no peito a "bolsa de mandinga", um pequeno pedaço de couro com as inscrições de trechos do Alcorão, o livro sagrado do islã. Eles, inclusive,

> **QUE TAL SE APROFUNDAR?**
>
> O vídeo *Revolta dos malês*, do canal Brasil Escola no YouTube, traz mais informações sobre os malês e sua revolta no Brasil.

decoravam trechos do livro, em uma língua completamente estranha a todos.

O DISFARCE

Observando o acesso que essa etnia tinha a algumas cidades, muitos escravizados fugidos passaram a se vestir como malês para andar livremente como um escravizado de ganho. Alguns capitães do mato mandinga usavam seu conhecimento para reconhecer escravizados fugidos disfarçados: seguravam

Mandingo Soldiers, Western Africa, 1860. Hermann Wagner, Schilderung der Reisen... Eduard Vogel in Central-Afrika (Leipzig, 1860), p. 303. / Slavery Images

o amuleto e recitavam algum trecho do Alcorão, exigindo que o outro completasse as palavras. Como os escravizados que não eram praticantes do islamismo não tinham esse conhecimento, só era possível passar pelo teste usando magia. E foi assim que o termo "mandinga" ganhou, no Brasil, o sentido de "feitiçaria" para atingir coisas inexplicáveis.

ABAIXO E NA PÁGINA ANTERIOR
Os mandinga, um dos grupos étnicos africanos-muçulmanos, carregavam junto ao corpo as chamadas "bolsas de mandinga", que traziam um pequeno pedaço de couro com inscrições de trechos do Alcorão.

Oronoz / Album / Fotoarena

16

INÁCIO, O ESCRAVO QUE VIROU UM CANTADOR-REI NO SERTÃO

Esta é uma história daquelas impossíveis, de um escravizado que se tornou um lendário cantador-rei na Paraíba. Mesmo sem saber ler ou escrever, ele revolucionou a vida dos poetas do sertão. Com um pandeiro na mão, o negro deixou de ser escravizado para ser conhecido como Inácio da Catingueira.

Não se sabe muito sobre o começo de sua vida. Há muita coisa que se mistura ao imaginário popular. De certo, Inácio viveu em um povoado conhecido como Catingueira, no século XIX. Nasceu em 1845, de Catarina, uma mulher africana que foi batizada somente aos 118 anos de idade.

A poética do cordel foi muito influenciada pelos cantadores de narrativas africanas, os griôs, especificamente por bantos. A maior parte dos países africanos constituiu sua sociedade com base em tradições orais, mantendo as histórias e também as habilidades de contá-las, bem guardadas pelos anciãos.

Reza a lenda que Inácio era tão preciso nos versos que seu talento logo foi reconhecido pelo dono da fazenda em que ele vivia, a Bela Vista. Manoel Luiz, ambicioso que era, percebeu que teria mais proveito se o escravizado saísse da lavoura para se apresentar nos vilarejos vizinhos. Há quem diga que Inácio se tornou um escravizado de ganho, tendo a liberdade de andar e de ganhar dinheiro, mas repassando boa parte do que recebia para seu dono. Dentro do contexto, era uma posição melhor para um negro. De tanto duelar com versos e vencer pela região, o nome do repentista ficou famoso.

Quem não gostou da fama de Inácio foi outro repentista, dono de uma pequena fazenda, que sustentava seus versos com uma viola em vez de um simples pandeiro. Romano da Mãe D'Água desafiou o escravizado para aquele que foi conhecido como o duelo de titãs na cidade de Patos, um

© Jean Alencar / Arquivo pessoal

Uma das poucas imagens que mostram Inácio da Catingueira é esta, no centro da cidade de Catingueira. Mesmo sem saber ler, este escravizado se destacou como repentista e participou de duelos de repente, famosos até hoje.

vale-tudo pela honra do melhor cantador. Tão intensa foi a peleja que durou cerca de oito dias. A provocação foi a essência do desafio nas redondezas da Igreja da Conceição, na praça pública. A cidade toda se agitou para assistir. Padres e juízes determinariam o vencedor.

Romano usou a cor de Inácio para menosprezá-lo. Mas este retribuiu a ofensa com versos convictos de sua força:

"Seu Romano, eu lhe garanto
Que resisto ao seu martelo
Ao talho do seu facão
Ao corte do seu cutelo
Se eu morrer na peleja
Lhe vencerei no duelo"

Alguns historiadores contam que o fazendeiro apelou para uma estrofe repleta de mitologia grega, numa tentativa desleal de competir intelectualmente com um homem que nunca havia lido. Isso Inácio protestou com fúria, encerrando o duelo da seguinte forma:

"Seu Romano, desse jeito eu não posso acompanhá-lo
Se desse um nó em martelo viria eu desatá-lo
Mas como foi em ciência
Cante só que eu me calo"

A LENDA DA PELEJA

Existem várias versões para o desfecho do embate entre Inácio e Romano, cuja narrativa se espalhou em relatos de moradores, cordéis e outras pelejas na região. A historiadora Linda Lewin, da Universidade da Califórnia, pesquisou a vida do repentista Inácio e acredita que, apesar das desvantagens do duelo, ele foi o vencedor.

A peleja de Inácio com Romano é considerada o maior duelo na história dos cantadores. Alguns dizem até que o negro ganhou alforria após esse episódio. Anos depois, Inácio da Catingueira morreu de pneumonia e foi enterrado em uma praça no centro da cidade – hoje, a praça carrega seu nome e uma estátua em sua homenagem.

Recentemente, o rapper Emicida trouxe à tona o nome de Inácio da Catingueira em um de seus trabalhos: "*Inácio* parece uma resposta, mas é um convite à reflexão sobre quem são os reais inimigos dos que dizem lutar por igualdade, mas gastam seu tempo, munição e energia dando tiros em espelhos, que refletem a si mesmos". Mais de 130 anos após a morte de Inácio, seu legado prevalece nas emboladas de coco, quando dois repentistas cantam ao som do pandeiro, e na trajetória de outros negros que carregam consigo o poder ancestral das narrativas orais.

QUE TAL SE APROFUNDAR?

Ouça a música "Inácio da Catingueira", na voz do Emicida.

17

DEL VALLE, A MÃE DA PÁTRIA ARGENTINA

Além de servirem como corpos para trabalhos forçados e violência, os negros sofreram um apagamento histórico intenso no continente sul-americano. O Brasil ainda consegue resgatar mais narrativas, pois muitas pessoas pretas sobreviveram, o que não aconteceu em países como a Argentina. Entretanto, as histórias que estão sendo escavadas recentemente são inspiradoras. Uma das mais interessantes que conheço é a saga da heroína mãe da pátria argentina.

María Remedios del Valle nasceu em Buenos Aires, em 1768, e, junto de sua família, foi recrutada para lutar pela independência do país contra a Coroa espanhola. Trabalhou em serviços de enfermagem e na organização de munições e armamentos em um acampamento destacado do principal. Seu marido e seu filho encontraram o infortúnio já nos primeiros combates, deixando María sozinha no mundo. Engana-se quem acredita que isso fez sua força e motivação diminuírem: ao contrário, a mulher continuou firme no Exército.

Em 1812, na Batalha de San Miguel de Tucumán, Del Valle solicitou ao general Manuel Belgrano permissão para cuidar das tropas na linha de frente. Subestimando a força da negra, negou o pedido. Todavia, ela resolveu confrontá-lo, não apenas auxiliando na recuperação dos feridos, mas encorajando os soldados que, inspirados por seus brados, passaram a chamá-la de Mãe da Pátria. O general reconheceu seus esforços, concedendo-lhe o título de capitã.

HEROÍNA DE GUERRA

Na Batalha de Ayohuma, ela foi ferida e aprisionada, porém, sem perder o ímpeto guerreiro, ajudou feridos no cativeiro e organizou várias fugas. Quando descoberta, foi sentenciada

María Remédios del Valle, participou na Batalha de San Miguel de Tucumán, em 1812, e enfrentou seus superiores para poder atender os feridos na linha de frente.

The Picture Art Collection / Alamy / Fotoarena

a nove dias de açoites em público. Reunindo forças sobre-humanas, María Remedios del Valle sobreviveu e voltou ao Exército, lutando até conquistar a Independência da Argentina.

Com o término da guerra, María ficou totalmente desamparada e passou a pedir esmolas para sobreviver. Tempos depois, alguns generais entraram com um processo para que o Exército lhe pagasse uma pensão por serviços prestados.

Somente no século XXI, com o trabalho de historiadores e sociólogos negros, o país começou a resgatar sua história.

© Casa de Moneda de la República Argentina / Wikimedia Commons

María Remédios del Valle também é homenageada na nota de 10.000 pesos argentinos.

Desde 2013 é comemorado, no dia 8 de novembro, o Dia Nacional Afro-Argentino e da Cultura Africana em homenagem a María Remedios del Valle.

QUE TAL SE APROFUNDAR?

O canal Biliken, no YouTube, fez uma animação sobre Maria Remedios del Valle.

© Mauro Rico – Ministerio de Cultura de la Nación / Wikimedia Commons

María Remédio del Valle nasceu na Argentina e foi recrutada para lutar pela independência do país. Atuou como enfermeira e na organização de munições e armamentos. Uma estátua em sua homenagem pode ser vista na plazoleta Alfonso Castelao, em Buenos Aires.

18

A DESOLAÇÃO DO POVO IGBO EM UM SUICÍDIO NAS ÁGUAS

Na escravidão, a busca pela liberdade nascia no mesmo segundo em que os grilhões se fechavam nos punhos dos negros. Muitos lutaram para encontrá-la em vida, mas esta história desoladora é sobre aqueles que só a encontraram na própria morte, no evento conhecido como "desembarque igbo".

É impossível contar quantas vidas africanas foram ceifadas pelo tráfico negreiro. A única estimativa é de quantos chegaram às Américas pelo Atlântico: 12,5 milhões. Porém, a mortalidade ainda nos navios era absurda: historiadores calculam taxas de 15 a 25%.

A escravidão não influenciou apenas aspectos econômicos ao fazer do negro uma mercadoria, mas agravou desigualdades e o direito à liberdade.

O tratamento era brutal: pessoas amontoadas embaixo do convés. O calor era implacável e a falta de ar desesperadora, nem as velas que deveriam iluminar o local queimavam. Se alguma suspeita de doença surgisse, centenas de africanos poderiam ser lançados ao mar para prevenir a contaminação dos outros.

Várias revoltas surgiram nesse ambiente infernal, e cerca de cinquenta motins ocorreram em navios negreiros entre 1699 e 1865. Em 1803, o povo igbo promoveu uma das revoltas mais dramáticas dessa história, que se tornou uma lenda e símbolo da revolução africana contra a escravidão.

Os igbo, conhecidos atualmente como nigerianos, são um dos grandes grupos étnicos da África. Cerâmicas encontradas apontam suas origens para mais de 2 mil anos a.C. Seu calendário, matemática e sistema de governo eram sofisticados, aproximando-se de uma república democrática moderna.

© domínio público / GetArchive

Os escravizados eram transportados em navios lotados. Geralmente ficavam abaixo do convés, onde sofriam com o calor e a falta de ar.

British Library/Album/ / Album / Fotoarena

Mulheres do povo igbo. Há uma famosa passagem na história em que escravizados do povo igbo se lançaram ao mar, preferindo morrer a serem escravizados.

ESCRAVIDÃO OU MORTE

Depois de sobreviver aos oito mil quilômetros de viagem pelo mar para alcançar os Estados Unidos, 75 negros foram comprados pelos escravagistas John Couper e Thomas Spalding, por cem dólares cada. Os negros foram acorrentados e colocados em uma embarcação menor para o transporte. Antes de alcançarem seu destino, libertaram-se e tomaram a pequena embarcação, afogando os raptores no rio. Entre os igbo, havia um sacerdote que guiava as orações do grupo. Ele sabia que seriam caçados e nunca retornariam para sua África.

Porém, uma coisa que a viagem havia ensinado é que qualquer oportunidade de se libertar daquele suplício deveria ser aproveitada. Não existia nada pior do que estar sob o jugo daqueles homens e ter de reviver toda a crueldade pela qual passaram no navio. Então, os 75 africanos caminharam, juntos, para as águas pantanosas de Dunbar Creek e cometeram suicídio em massa. Esse episódio é conhecido por alguns como a primeira grande marcha pela liberdade na história da América.

Alguns foram resgatados, muitos desapareceram no rio. Inúmeras lendas – como a de que o rio era o caminho de volta à África – foram cunhadas no imaginário dos negros que ainda almejavam a liberdade. Esse rio recebe incontáveis visitas até hoje.

Vários artistas celebraram a memória dos igbo. Em 2016, a cantora Beyoncé retratou o desembarque igbo no clipe da música "Love Drought". Da mesma maneira, o filme *Pantera Negra*, de 2018, faz sua homenagem com a fala final do personagem Erik Killmonger: "Enterre-me no oceano com meus ancestrais que saltaram de navios, porque eles sabiam que a morte era melhor que a escravidão".

QUE TAL SE APROFUNDAR?

O clipe "Love Drought", de Beyoncé, usa referências da história dos igbos sob as águas.

19

NANNY, A RAINHA-MÃE DA JAMAICA

Escravizados insurgentes sempre deixam marcas, histórias de resistência que passam a queimar no coração de outros rebeldes. Na Jamaica, uma mulher afrontou a escravidão e libertou vários negros para manter as tradições africanas que resistem até hoje. Ela foi a rainha axânti Nanny.

Muito do que se conhece sobre Nanny vem das tradições orais. Poucos historiadores registraram sua narrativa, mas é consenso que ela era do povo axânti, na atual região de Gana. Nasceu em 1686, foi comprada e feita cativa ainda criança para trabalhar no cultivo de cana-de-açúcar, na Jamaica. Sabe-se que essa era uma das atividades com condições mais difíceis para um escravizado. No entanto, ninguém dobra um africano facilmente, e Nanny resistiu.

Parte de sua resistência vinha das histórias que ouvia sobre outros negros resilientes. Influenciados por elas, Nanny e seus quatro irmãos resolveram escrever a própria narrativa de liberdade. Reza a lenda que fugiram e criaram cada um uma vila de maroons, negros libertos. Com a ajuda de um irmão, Quao, Nanny fundou uma aldeia nas Montanhas Azuis, no leste da Jamaica, que ficou conhecida como Nanny Town. O caminho para se chegar lá era estreito e forçava os destacamentos britânicos a andarem em fila, tornando o trajeto muito difícil. Sofrendo poucas tentativas de ataque, a comunidade prosperou.

Liderando outros maroons, a rainha Nanny começou a atacar plantações na redondeza para resgatar negros escravizados pelos colonizadores. Sem deixar barato, ela queimava a plantação inteira e, assim, libertou mais de mil africanos durante toda a sua vida.

Isso chamou a atenção dos britânicos, que mobilizaram seus exércitos em favor dos fazendeiros. Muitas incursões

Bridgeman Images / Fotoarena

Segundo a lenda, Nanny e seus irmãos fugiram das garras da escravidão e fundaram vilas de maroons, negros libertos. A aldeia fundada por Nanny ganhou a alcunha de Nanny Town.

foram planejadas na floresta para encontrar o quilombo da rainha Nanny. No auge de sua luta, em 1730, contam que seu povo estava passando fome e ela quase se entregou. Porém, em uma noite, as vozes de seus antepassados disseram-lhe para resistir. Ao acordar, ela achou sementes de abóbora nos bolsos, que plantou ao pé de um morro. Em uma semana, as sementes brotaram e se transformaram em enormes abóboras, salvando todos da morte.

AS VÁRIAS
LENDAS DE NANNY

Há várias lendas acerca de Nanny. Diziam que ela era praticante de Obeah – culto ancestral com rituais sincretizados, sem um sistema de divindades explícito, que utiliza ervas e veneno de sapo e serpente em seu culto; na cultura pop, esse ritual foi retratado em uma das temporadas da série *Luke Cage*. Outra lenda fala de sua luta, a rainha colocou um caldeirão de folhas, que fervia mesmo sem haver fogo, em um local estratégico da passagem para Nanny Town, de forma que vários soldados britânicos, curiosos, caíam dentro dele e nunca mais retornavam.

Glyn Thomas / Alamy / Fotoarena

Em 1733, Nanny Town sofreu uma emboscada, enquanto os maroons dormiam. Nesse combate sangrento, a rainha morreu em batalha como uma verdadeira guerreira africana. Muitos sobreviventes migraram para Moore Town, um assentamento localizado próximo às Montanhas Azuis.

Em 1739, o governador da Jamaica assinou um tratado com os quilombolas, colocando fim aos enfrentamentos. Nanny é lembrada até hoje como uma das maiores líderes do país, a que foi capaz de reunir os negros jamaicanos para lutar por liberdade. Em 1976, o governo declarou a rainha Nanny uma heroína nacional. Ela é homenageada nas notas de quinhentos dólares jamaicanos, comumente chamadas de "nanny". Além disso, muitas pessoas no país a reconhecem como a Mãe da Nação.

Capaz de reunir um grande número de negros na luta por liberdade, a rainha Nanny simboliza força e resistência até os dias atuais.

Nanny, conhecida como a rainha-mãe da Jamaica e responsável pela libertação de vários escravizados do país, é homenageada na nota de 500 dólares jamaicanos.

QUE TAL SE APROFUNDAR?

O filme *Queen Nanny* documenta a batalha por liberdade dos maroons jamaicanos, liderados por Nanny.

20

A IRA E O LEGADO DE SHAKA ZULU

Durante os ataques ao continente africano, britânicos foram assombrados por um exército destemido, uma força de guerra que tem sua origem em 1820. Quando um dos maiores e mais rigorosos líderes africanos modificou a forma de lutar daquele povo, o nome de um homem se tornou uma lenda: Shaka Zulu.

"Zulu" significa "chuva". Os zulu constituem um dos grandes grupos étnicos da África, que se dividiam em vários clãs, cada um tinha um reinado próprio, com um chefe principal. Oriundos do povo nguni, os zulu foram fundados pelo chefe zulu KaMalandela, quando o antigo rei nguni morreu e o reino foi dividido entre os zulu e os qwabe.

Era muito comum que esse povo se deslocasse devido à escassez de recursos ou conflitos com outros grupos de regiões compartilhadas. Isso trazia certa dificuldade para o fortalecimento das comunidades, como era natural às culturas de caçadores-coletores na Antiguidade.

Certo dia, Senzangakhona, chefe do clã zulu, engravidou Nandi em uma relação fora do casamento – o que era considerado totalmente vergonhoso perante a sociedade. Ele negou a gravidez e espalhou a história de que Nandi estaria com um problema de intestino, causado por um besouro chamado iShaka. Quando nasceu, o bebê recebeu o nome Shaka por causa do inseto.

Em razão disso, mãe e filho viveram uma vida repleta de humilhações e privações. Na tentativa de buscar algum refúgio, ambos foram viver com o clã Mtetwa, chefiado por Dingiswayo, o primeiro dos líderes zulu a tornar a vida civil subserviente ao treinamento militar.

A distância de Senzangakhona amenizou a humilhação que Shaka sofria. Ele começou a treinar para a guerra, mas sempre era visto como inferior. Assim, a indignação foi crescendo e tornou-se uma vantagem em combate.

Filho não reconhecido do chefe do clã zulu, Shaka assumiu o reino zulu em 1816, após matar o tio. Ele reorganizou toda a nação com base em sua experiência militar.

The History Collection / Alamy / Fotoarena

A estatura avantajada, a habilidade com armas e a ousadia na batalha contra outros jovens guerreiros foram notadas por aqueles que zombavam de sua origem. Os chefes também perceberam um prodígio ali. Dessa forma, Shaka cresceu rápido nas tropas e atraiu a atenção do suserano local, passando a atuar em altas posições nas tropas do clã. O militarismo, então, formou sua vida e seu modo de pensar, já que a doutrina da guerra o fez crescer e ser respeitado.

UM NOVO REINO

Anos mais tarde, Senzangakhona faleceu e seu irmão o sucedeu no poder. Mas ninguém imaginava a fúria de Shaka. Com o apoio de Dingiswayo, ele conseguiu executar um plano para matar o tio e assumir a liderança do reino zulu, em 1816.

Shaka inventou uma lança curta e de lâmina larga, a azagaia, que seria usada em confrontos corporais. Shaka dizia que "um homem que luta no Exército Zulu torna-se um zulu como se tivesse nascido zulu". Ele mudou totalmente a estrutura militar, criando novos exércitos, chamados "impis", e impediu o uso de sandálias, para enrijecer a sola dos pés dos soldados e conferir a eles maior velocidade.

Com os impis, armados de escudos e azagaias, Shaka reuniu as comunidades zulu por meio da submissão ou alinhamento de propósitos. Com isso, os chefes de outros clãs não poderiam questionar suas ordens. Ele reorganizou toda a nação com base em sua experiência militar, implementando mudanças significativas.

Todos, homens e mulheres, deveriam se alistar em regimentos militares, os "amabuthos". As mulheres mais velhas, que ficavam nas comunidades, passariam a assumir as lideranças guiadas pelas tias do inkosi (rei) Shaka – era uma forma de recompensar o poder feminino que a mãe representou em sua vida. O sexo nos amabuthos era punido com a morte, era apenas permitido quando os amabuthos femininos fossem dissolvidos e as mulheres eram oferecidas como esposas aos soldados.

Incorporando grupos rivais, o reino zulu atingiu cerca de 250 mil habitantes e, no ápice de sua força militar, contabilizou 50 mil guerreiros.

Sem conhecer outra face que não a violência, o governo de Shaka foi intensificando sua crueldade, até o falecimento de Nandi, sua mãe. Ela era a motivação para muitas de suas ações, por tudo que sofreram juntos, e ele queria que todos a reconhecessem como a Rainha-Mãe. Como forma de luto, Shaka mandou matar toda mulher que engravidasse naquele ano, 1827, junto de seu marido e todos aqueles que não demonstrassem tristeza pelo falecimento da rainha. A ação chegou ao número assustador de 7 mil assassinatos.

Os atos tirânicos de Shaka levaram a motins e tramas que culminaram com sua morte pelas mãos de seus meios-irmãos, Mhlangana e Dingane, que assumiram o trono.

Durante sua chefia, Shaka se tornou a força que impedia o crescimento britânico. Sua dedicação militar resistiu às invasões de maneira exemplar e construiu seu legado. Em 1879, aconteceu, na colina de Isandlwana, o primeiro grande confronto entre os zulu e os britânicos. Os europeus usavam seus rifles, mas o líder zulu dizia: "No tempo de carregar suas armas, nós acabaremos com eles com nossas lanças". Vinte mil guerreiros africanos acabaram com 1,8 mil europeus, em 22 de janeiro. Esse episódio é conhecido como a pior derrota do Exército Britânico em solo africano.

No mesmo ano, britânicos atacaram Hlobane, perto da atual cidade de Vryheid, em KwaZulu-Natal, novamente resultando em uma vitória zulu. Os africanos perseguiram os sobreviventes por 19 quilômetros, e quinze oficiais e 110 soldados foram mortos. O terceiro encontro dos dois exércitos foi o ponto de virada na história, e os zulu sucumbiram na cidade de Kambula.

GL Archive / Alamy / Fotoarena

A força com a qual Shaka lutou para unificar seu povo deixou uma herança inestimável que sempre é evocada pelos que hoje habitam KwaZulu-Natal, a terra onde antes ficava o reino zulu. O legado de Shaka é a base que os une.

Sua imagem vai muito além da face brutal da guerra; o rei Shaka, dos zulu, foi um exímio estrategista de guerra e símbolo da unidade de seu povo. Mangosuthu Buthelezi, um dos maiores líderes negros da África do Sul e descendente da monarquia zulu, lembrou em entrevista que "os regimentos que ele criou conseguiram sistematicamente conquistar oponentes. Mas, em vez de destruir aqueles a quem ele havia derrotado, o rei Shaka empregou a estratégia de integrá-los em uma estrutura social, reunindo um povo fragmentado para forjar uma nação unificada e poderosa".

Todo ano, no dia 24 de setembro, os zulu celebram a memória do mais famoso chefe de seu povo. Enquanto eles continuarem contando suas histórias, o lendário Shaka continuará moldando a identidade daquelas pessoas.

As vozes das senzalas e fora delas nunca esqueceram seus verdadeiros heróis.

AO LADO
A Batalha de Isandlwana foi o primeiro grande confronto entre os zulu e os britânicos. Eram 20 mil guerreiros africanos contra 1,8 mil do exército do país europeu. Os zulu saíram vitoriosos.

QUE TAL SE APROFUNDAR?

A série Shaka Zulu, lançada em 1987, é uma produção sul-africana que conta a ascensão dos zulu, suas guerras e a administração britânica. Shaka Zulu é um dos personagens centrais dessa produção.

21

BENJAMIM DE OLIVEIRA, O PALHAÇO NEGRO QUE INVENTOU O CIRCO-TEATRO

Dos flagelos brutais da escravidão nasceu um dos maiores humoristas da história brasileira, o lendário palhaço negro que fez do circo uma eterna fuga do destino que o racismo tentava impor à sua existência. Esta é a saga de Benjamim de Oliveira, o gênio do circo-teatro.

Quando veio ao mundo, em 1870, a escravidão estava quase acabando, mas quem disse que os donos de escravizados queriam largar o osso? Benjamim era forro, sua mãe, Leandra de Jesus, era "negra de estimação" e seu pai, um capitão do mato.

A função exercida pelo pai era o preço para não ficar trancafiado na senzala e, mesmo recebendo "tratamento diferenciado", viviam desumanizados pela ideologia racista da época. Benjamim nasceu em Pará de Minas, região que até hoje perpetua o imaginário escravagista em muitas das relações. O Estado de Minas Gerais não recebeu muitos imigrantes que substituíram a mão de obra escravizada, como em outros estados, o que contribuiu para a continuidade da escravidão até a abolição. O reflexo disso é que, hoje, é o estado com o maior índice de trabalho análogo à escravidão no Brasil.

Cansado de apanhar do pai todo dia e do trabalho árduo que exercia, aos 12 anos, encontrou no Circo Sotero um refúgio para sua imaginação. Percorreu todo o sertão mineiro com a trupe, mas não conseguiu fugir dos espancamentos e castigos que descendentes de africanos recebiam nas relações de trabalho, afinal, livre ou não, ainda era preto.

Parte de sua vida foi fugir: fugiu do Circo Sotero e, depois, de ciganos que o tratavam como escravizado e quase o trocaram por um cavalo. Fugiu também da estrada, cheia de gente que queria aprisioná-lo, fazia truques para provar que era artista do circo.

Acervo pessoal. Gentilmente cedida pela família de Benjamim.

Filho de uma "negra de estimação" e de um capitão do mato, Benjamin era alforriado e, aos 12 anos, encontrou no Circo Sotero uma fuga das agressões do pai. Passou por diversos outros circos, nos quais atuava principalmente como acrobata.

Quando chegou na cidade de Mococa, era um andarilho qualquer. Convenceu o americano, dono de outro circo, a contratá-lo. Trabalhava sobretudo como acrobata. Teve passagens por vários circos e funções até que, em uma apresentação em São Paulo, o palhaço do grupo adoeceu e Benjamim foi praticamente forçado a assumir o lugar. Um palhaço preto era estranho demais. Suas primeiras apresentações foram rejeitadas pelo público, mas nem mesmo ele esperava o que aconteceria a seguir.

Continuou a jornada por outros circos, até que foi parar no Caçamba, no Rio de Janeiro, e conquistou a admiração do presidente Floriano Peixoto, que assistiu a uma apresentação de Benjamim. O circo saiu da favela para a Praça da República, e ele ganhou espaço para promover uma das maiores revoluções artísticas da época: misturou as habilidades de cantar, dançar e interpretar com o talento do circo e inaugurou a categoria de circo-teatro no Brasil.

Em 1896, no Circo Spinelli, sua genialidade foi reconhecida pelo grande público. Escreveu peças de teatro, canções e fez adaptações ousadas, como a de *O Guarani*, de José de Alencar. Em 1908, essa apresentação foi gravada no picadeiro e ele foi o primeiro ator negro no Cinema Brasileiro.

Rompeu mais fronteiras ainda quando gravou seis discos pela Columbia Records. Tornou-se o Rei dos Palhaços no país, interpretou Shakespeare e fez um dos maiores teatrólogos brasileiros, Artur Azevedo, vibrar de euforia com seu Otelo. Benjamim usava maquiagem branca por todo o rosto.

Considerado por muitos o primeiro palhaço negro do Brasil, também foi um ator muitíssimo talentoso, interpretou obras de Shakespeare e gravou seis discos ao longo da carreira.

Acervo pessoal. Gentilmente cedida pela família de Benjamim.

Construiu uma carreira de sucesso, com uma reputação fabulosa e admiradores poderosos. Você deve estar lendo isso com grande fervor e orgulho, mas não se esqueça de que o Brasil acabou com as senzalas de madeira e barro para construir outra baseada em dinheiro – ou na falta dele.

Em 1940, Benjamim estava na miséria. Outros ganharam dinheiro às custas dele, enquanto ele passou a viver à margem de uma sociedade que discriminava as pessoas pela cor. O jornalista Brício de Abreu, apoiado pelo então deputado Jorge Amado, mobilizou uma campanha nacional que conseguiu uma aposentadoria para o palhaço.

Ele faleceu em 3 de maio de 1954, na cidade do Rio de Janeiro, aos 84 anos. Sua memória passou a ser resgatada só depois dos anos 1990. Benjamim de Oliveira, segundo Brício de Abreu, crítico teatral e um dos fundadores da revista *Dom Casmurro*, foi o primeiro palhaço negro do mundo. Talvez Brício não seja tão exato quanto ao primeiro, mas, depois de tanto tempo com uma produção tão vasta de apresentações, Benjamim foi, com certeza, um dos mais memoráveis em nosso país.

QUE TAL SE APROFUNDAR?

O Itaú Cultural produziu o vídeo *O circo-teatro e o artista nato – Ocupação Benjamin de Oliveira*, sobre Benjamim e sua obra.

Acervo pessoal. Gentilmente cedida pela família de Benjamim.

Durante uma apresentação em São Paulo, o palhaço ficou doente e Benjamim foi chamado para assumir seu lugar. Usando suas habilidades para cantar, dançar e interpretar, inaugurou o que ficou conhecido como "circo-teatro".

22

JOÃO CÂNDIDO E A REVOLTA DA CHIBATA

Em uma sociedade que penaliza o negro com castigos físicos, surge no mar um herói que ajuda a mudar os rumos da marinha brasileira.

Mesmo após duas décadas após a abolição, algumas instituições brasileiras ainda arrastavam práticas da escravatura. Esse comportamento dos oficiais militares brancos levou a um dos episódios mais heroicos do nosso povo contra a opressão no Brasil: a Revolta da Chibata.

A Marinha, antigamente denominada Armada, praticava o castigo contra negros desde a época do cativeiro, quando alguns homens livres ou alforriados entravam (em muitos casos, forçados) para o trabalho. Abolicionistas conseguiram dar fim a isso em 1886, por pouco tempo. O decreto n° 328, de outubro de 1890, que substituiu os regimentos coloniais, renovou e justificou a necessidade de açoites e prisões, em condições desumanas, aos subordinados.

É um choque imaginar que uma instituição que deveria servir a todos os brasileiros ainda segregava os descendentes de africanos neste país, uma contradição que parece viva, pois sabemos que o racismo brasileiro atual não proíbe a entrada de negros em instituições, mas os mantém nos níveis mais baixos da hierarquia e sem poder de decisão; a exclusão e a pobreza do negro se tornam regra e a sociedade acha "normal".

Nesse contexto nasceu João Cândido, cujos pais migraram para Porto Alegre após a abolição, cidade em que ele morou até a adolescência. Naquela época, como grande parte dos estabelecimentos não empregava negros (mesmo os pardos), a maioria era forçada a se alistar.

Aos 13 anos de idade, ele foi parar no Arsenal de Guerra do Exército e participou de uma rebelião. Alguns anos depois, em 1895, foi inspecionado e julgado apto para a Armada no Rio de Janeiro. A carreira militar representava uma evolução das perspectivas de vida de qualquer negro. "Eu entrei na Marinha com 14 anos e entrei bisonho. Toda luz que me iluminou, que me ilumina, graças a Deus, que é pouca, foi adquirida, posso dizer, na Marinha", declarou Cândido certa vez.

João Cândido entrou para a Armada, como era conhecida a Marinha brasileira, aos 14 anos. Logo notou a desigualdade de tratamento entre marinheiros brancos e negros, ficando claro que as punições eram ainda resquícios da escravatura. A Revolta da Chibata teve início em 22 de novembro de 1910 e durou quatro dias.

Photo 12 / Alamy / Fotoarena

A vida nos navios não representava a modernização tecnológica que a República estava promovendo na Marinha. As condições sociais eram precárias: soldos injustos, castigos e punições desumanos e uma extravagante desigualdade racial entre marinheiros e superiores.

As desigualdades eram tratadas como normais. Coisa de trabalho, de pobre, de ocasião. Só que o clima mudou após viagens à Inglaterra. Marinheiros partiam para estudar e desenvolver-se como mecânicos, eletricistas e todo tipo de especialização para o trabalho no mar.

Lá, encontraram um tratamento diferente, principalmente nos castigos físicos, e perceberam que a situação no Brasil era resquício da escravatura. Também ouviram sobre uma revolta em um navio encouraçado russo, e isso abriu os olhos dos marinheiros negros brasileiros.

Eles começaram a se mobilizar ainda na Inglaterra, de forma diplomática. Solicitaram aos oficiais o fim da chibata e do tratamento desleal com aqueles que deveriam ser considerados "irmãos" defensores da pátria.

João Cândido já era um dos líderes, no navio *Minas Gerais*. O comando geral da revolta também contou com Francisco Dias Martins e Ricardo Freitas, pelo cruzador *Bahia*; Manoel Gregório do Nascimento, pelo encouraçado *Dreadnought São Paulo*.

A Revolta dos Marinheiros (como era chamada na época) precisou ser antecipada após um dos companheiros receber a sentença de 250 chibatadas por levar cachaça para o navio. Memórias do cativeiro davam a certeza de que nenhum homem sobrevivia a tal martírio.

Os castigos aconteciam como um cerimonial, com a presença dos oficiais que nunca eram submetidos à punição. Aquele marinheiro, preso pelos pés, foi chibatado enquanto os tambores militares soavam. Ao final, todos marcharam, e o que sobrou do homem foi levado para a enfermaria.

No dia 22 de novembro de 1910, a insurreição estourou de forma hermeticamente organizada, "cada um assumiu seu posto", segundo Cândido. Os oficiais foram presos em seus camarotes. Alguns oficiais racistas pagaram com a vida. Outros evocaram, em vão, a hierarquia e a tradição militares para acabar com a revolta. Um deles disse que "estava pronto para ouvi-los, desde que se portassem como homens dignos da farda que vestiam".

As duas maiores armas de guerra da Marinha estavam nas mãos dos marinheiros negros. Os encouraçados *Deodoro* e *Minas Gerais*. Eles passaram a patrulhar a baía de Guanabara, agitando outras embarcações para a revolta e ameaçaram bombardear a cidade do Rio de Janeiro até que os castigos fossem extintos.

Jornalistas estrangeiros declaravam que aqueles eram os melhores marinheiros do mundo e que nunca viram a articulação dos encouraçados para o combate como aquela dos marinheiros brasileiros.

Após negociações, as chibatadas foram oficialmente encerradas e os marinheiros receberam anistia do governo para voltarem ao trabalho. Só que o governo brasileiro odeia perder para preto, era assim no Império, seria, também, na República, então, no dia seguinte mostrou a face traiçoeira.

O presidente Hermes da Fonseca emitiu um decreto permitindo que a Marinha expulsasse os marinheiros de seu contingente. Era o começo de uma caçada que tinha um objetivo sórdido, que fica evidente após explodir uma outra rebelião na Ilha das Cobras, sem ligação com a de João Cândido.

Ele se oferece para ajudar na supressão dessa rebelião, mas, além de não aceitar a ajuda, a República aprisionou João e mais dezessete marinheiros em uma cela com espaço para quatro pessoas. Dentro havia uma armadilha mortal: a cela sem ventilação estava repleta de cal, que foi tomando o ar.

Três dias depois, dezesseis homens estavam mortos. Os que sobraram se encontravam em estado precário. Em nota oficial, os médicos da Marinha chamaram de morte por "insolação". João Cândido, que estava entre os sobreviventes, insubordinados até a própria morte, foi enviado a um hospício.

Não foi diagnosticado como louco e devolveram-no para a Marinha, que o manteve preso até ser julgado e expulso da instituição. Foi morar em uma favela e trabalhou como um humilde vendedor de peixes até os 80 anos.

O homem que fez a Marinha evoluir de verdade morreu em 1869, mais heroico do que qualquer patrono militar dos tempos da escravidão.

Essa é a história dos pretos nas instituições militares que até hoje dizem "você não deve ter orgulho de ser negro, somos todos iguais". Enquanto chamam de heróis os carrascos dos pretos.

Mas o povo nunca esquece. Salve o Almirante Negro, João Cândido!

Jornal Gazeta de Notícias de 31 de dezembro de 1912. Domínio público / Wikimedia Commons

QUE TAL SE APROFUNDAR?

Ouça a música "Mestre Sala dos Mares", canção composta por João Bosco e Aldir Blanc em homenagem à figura de João Cândido.

Primeira página do jornal *Gazeta de Notícias* anunciou, em 31 de dezembro de 1912, a libertação de João Cândido. O marinheiro ficou preso por dois anos, sem comunicação com o mundo exterior.

João Cândido, líder da revolta da Chibata, e seu "secretário". Fotógrafo: Malta, Augusto, 1864-1957. Rio de Janeiro (RJ), 1910. / MIS-RJ.

O manifesto da Revolta da Chibata pedia o fim dos castigos físicos como punição para os marinheiros afro-
-brasileiros e mulatos. Um dos trechos do manifesto dizia: "Nós, marinheiros, cidadãos brasileiros e republicanos, não podendo mais suportar a escravidão na Marinha Brasileira, a falta de proteção que a Pátria nos dá".

REFERÊNCIAS BIBLIOGRÁFICAS

AGUIAR, Maciel de. *História dos quilombolas*: Benedito Meia-Légua. Memorial, 2007.

ALTMAN, Max. 22 de janeiro de 1879: Nas mãos dos zulus, Império Britânico sofre sua maior derrota na África. *Portal Geledés*, 23 jan. 2015. Disponível em: <https://www.geledes.org.br/22-de-janeiro-de-1879-nas-maos-dos-zulus-imperio-britanico-sofre-sua-maior-derrota-na-africa/>. Acesso em: 9 jan. 2019.

BARROS, Leandro Gomes de. *Peleja de Romano e Inácio da Catingueira*, 1939. Disponível em: <http://www.docvirt.com/docreader.net/DocReader.aspx?bib=RuiCordel&pasta=Peleja%20de%20Romano%20e%20Inacio%20da%20Catingueira&pesq=>. Acesso em: 9 jan. 2019.

BOLETIM de Eugenía (RJ) – 1929 a 1932. Hemeroteca Digital Brasileira. Disponível em: <http://bndigital.bn.br/acervo-digital/Boletim-de-Eugenia/159808>. Acesso em: 9 jan. 2019.

BUDGE, E. A. Wallis. The Kebra Nagast. *Internet Sacred Text Archive*. Disponível em: <https://www.sacred-texts.com/chr/kn/index.htm>. Acesso em: 9 jan. 2019.

DIWAN, Pietra. *Raça pura*: uma história da eugenia no Brasil e no mundo. São Paulo: Contexto, 2007.

DUMAS, Alexandre. *Memórias de Garibaldi*. São Paulo: L&PM, 2000.

EMICIDA. Com vocês, Inácio da Catingueira. Disponível em: <http://emicida.com/2018/09/18/inacio-da-catingueira/>. Acesso em: 9 jan. 2019.

FERNANDES, Cláudio. O que é Iluminismo? *Brasil Escola*. Disponível em: <https://brasilescola.uol.com.br/o-que-e/historia/o-que-e-iluminismo.htm>. Acesso em: 9 jan. 2019.

_____. O reino de Axum. *Brasil Escola*. Disponível em: <https://brasilescola.uol.com.br/historiag/o-reino-axum.htm>. Acesso em: 9 jan. 2019.

GOTTLIEB, Karla. *The mother of us all*: a history of Queen Nanny, leader of the windward Jamaican Maroons. Trenton: Africa World Press, 2000.

HARARI, Yuval Noah. *Sapiens*: uma breve história da humanidade. São Paulo: L&PM, 2015.

HEGEL, Georg Wilhelm Friedrich. *Filosofia da história*. Brasília: UnB, 1999.

HENRY ARENAS, Valencia. Da Guiné-Bissau à Colômbia. Benkos Biohó, resistência e (é) palenque. Um caso da diáspora africana. *CS*, Cali, n° 16, ago. de 2015. Disponível em: <http://www.scielo.org.co/scielo.php?script=sci_arttext&pid=S201103242015000200010&ng=pt&nrm=iso>. Acesso em: 3 abr. 2025.

HOCHSCHILD, Adam. *King Leopold's ghost*: a story of greed, terror, and heroism in Colonial Africa. Boston: Mariner Books, 1999.

JAMAICA Information Service. Nanny of the maroons. Disponível em: <https://jis.gov.jm/information/heroes/nanny-of-the-maroons/>. Acesso em: 9 jan. 2019.

JUNG, Carl Gustav. *O inconsciente pessoal e o inconsciente coletivo*. Rio de Janeiro: Vozes, 2000.

LIMA, Heloisa Pires; HERNANDEZ, Leila Leite. *Toques do griô*: memórias sobre contadores de histórias africanas. São Paulo: Melhoramentos, 2011.

LOCK, Ron. *Zulu Conquered*: The march of the Red Soldiers, 1822-1888. South Yorkshire: Fronteline Books, 2010.

MAGGIO, Sérgio. Benjamin de Oliveira, o primeiro palhaço negro que o Brasil esqueceu. *Metrópoles*, São Paulo, nov. 2018. Seção Tipo assim. Disponível em: <https://www.metropoles.com/tipo-assim/benjamim-de-oliveira-o-primeiro-palhaco-negro-que-o-brasil-esqueceu#google_vignette>. Acesso em: 21 mar. 2025.

MATUCK, Estevão. Da escravidão à escravidão: a perpetuidade do trabalho análogo em Minas Gerais 135 anos após a abolição da escravatura. *Observatório das desigualdades*, maio 2023. Disponível em: <https://observatoriodesigualdades.fjp.mg.gov.br/?p=3008>. Acesso em: 21 mar. 2025.

MIRANDA, Noélia. *Zacimba Gaba*, a princesa guerreira: a história que não te contaram. Vitória: GSA, 2015.

MOURA, Carlos Eugênio Marcondes de. Benkos Biohó. *Portal Geledés*, 22 ago. 2009. Disponível em: <https://www.geledes.org.br/benkos-bioho/>. Acesso em: 9 jan. 2019.

NASSIF, Luis. O filme Vênus Negra e a pseudociência que apoiava o racismo. *Revista GGN*, 2013. Disponível em: <https://jornalggn.com.br/blog/luisnassif/o-filme-venus-negra-e-a-pseudociencia-que-apoiava-o-racismo>. Acesso em: 9 jan. 2019.

NEWKIRK, Pamela. The man who was caged in a zoo. *The Guardian*, Londres, 2015. Disponível em: <https://www.theguardian.com/world/2015/jun/03/the-man-who-was-caged-in-a-zoo>. Acesso em: 9 jan. 2019.

O DRAGÃO do mar na história do Ceará. Dragão do Mar Centro de Arte e Cultura. Disponível em: <http://www.dragaodomar.org.br/institucional/dragao-do-mar-na-historia-do-ceara>. Acesso em: 9 jan. 2019.

PARKINSON, Justin. The significance of Sarah Baartman. *BBC News Magazine*, 7 jan. 2016 Disponível em: <https://www.bbc.com/news/magazine-35240987>. Acesso em: 9 jan. 2019.

SILVA, Gilberto Ferreira da; SANTOS, José Antônio dos; CARNEIRO, Luiz Carlos da Cunha. *RS negro*: cartografias sobre a produção do conhecimento. Porto Alegre: EdiPUCRS, 2008.

SOUZA, Marina de Mello e. *Reis negros no Brasil escravista*: história da festa de coroação de Rei Congo. Belo Horizonte: UFMG, 2002.

SWIFT, Jackie. The curious history of slavery in Africa. *Research & Innovation*. Disponível em: <https://research.cornell.edu/news-features/curious-history-slavery-west-africa>. Acesso em: 9 jan. 2019.

TEREZA de Benguela: a escrava que virou rainha e liderou um quilombo de negros e índios. *Biblioteca do CECULT*. Universidade Federal do Recôncavo da Bahia. Disponível em: <https://www.ufrb.edu.br/bibliotecacecult/noticias/220-tereza-de-benguela-a-escrava-que-vi-rou-rainha-e-liderou--um-quilombo-de-negros-e-indios>. Acesso em: 9 jan. 2019.

VELOSO, Amanda Mont'Alvão. Quem foi Virgínia Bicudo: mulher, negra e pioneira na psicanálise, mas invisível no Brasil. *HuffPost Brasil*: 16 abr. 2017. Disponível em: <https://www.huffpostbrasil.com/2017/04/16/quem-foi-virginia-bicudo-mulher-negra-e-pioneira-na-psicanalis_a_22041991/>. Acesso em: 9 jan. 2019.

VILELA, Túlio. Astecas: religião e organização social no Império Asteca. *Uol*. Disponível em: <https://educacao.uol.com.br/disciplinas/historia/astecas-religiao-e-organizacao-social-no-imperio-asteca.htm>. Acesso em: 9 jan. 2019.

PARA SABER MAIS SOBRE O LEGADO CULTURAL DOS AFRICANOS NA DIÁSPORA

DOCUMENTÁRIOS, FILMES E SÉRIES

Amistad. Direção: Steven Spielberg. Estados Unidos: DreamWorks SKG, 1998.

Cara gente branca. Direção: Justin Simien. Estados Unidos: Netflix, 2017.

Civilizações perdidas: África, uma história oculta. Estados Unidos: Discovery Channel, 2012.

Doze anos de escravidão. Direção: Steve McQueen. Nova Orleans: Plan B Entertainment, 2013.

Os reinos perdidos da África – vol. 2. Direção: David Wilson. Londres: IWC Media Production para BBC, 2014.

Raízes. Estados Unidos: History Channel, 2016.

The Get Down. Direção: Baz Luhrmann e Stephen Adly Guirgis. Estados Unidos: Netflix, 2016.

LIVROS

Coleção História Geral da África, UNESCO.

MUNANGA, *Kabengele*. *Negritude*: uso e sentidos. São Paulo: Autêntica, 2009.

_____ . *Origens africanas do Brasil contemporâneo*: histórias, línguas, culturas e civilizações. São Paulo: Global, 2009.

ARTIGOS

BISPO, Isis Carolina Garcia. A inquisição ibérica como instituição responsável pela cristalização do mito de pureza de sangue no corpo social da América portuguesa. In: Simpósio Internacional de Estudos Inquisitoriais. Disponível em: <http://www3.ufrb.edu.br/simposioinquisicao/wp-content/uploads/2012/01/%C3%8Dsis-Bispo.pdf>. Acesso em: 22 abr. 2019.

LOPES, Maria Margaret. O que visitar em Paris durante a Exposição Universal de 1878: um guia turístico para geólogos. Disponível em: <http://www.seer.ufal.br/index.php/ritur/article/view/2008/1517>. Acesso em: 22 abr. 2019.

MONTEIRA, Domingas Henriques. A tradição oral nas sociedades africanas: contextualização das culturas Congo e Ovimbundu. Disponível em: <http://wizi-kongo.com/historia-do-reino-do-kongo/a-tradicao-oral-nas-sociedades-africanas-contextualizacao-das-culturas-kongo-e-ovimbundu/>. Acesso em: 22 abr. 2019.

SANTOS, Ale. Os heróis desconhecidos da escravidão. Disponível em: <https://super.abril.com.br/especiais/os-herois-desconhecidos-da-escravidao/>.

EXERCÍCIOS PARA APROFUNDAR O CONHECIMENTO

RAÇA E CIÊNCIA NO BRASIL: DEBATE SOBRE AS TEORIAS DO BRANQUEAMENTO

EF08HI19 – Formular questionamentos sobre o legado da escravidão nas Américas, com base na seleção e consulta de fontes de diferentes naturezas.

Objetivo: Analisar o impacto das teorias raciais do século XIX na sociedade brasileira, compreendendo como elas influenciaram políticas de exclusão e marginalização da população negra no período pós-abolicionista.

O professor deverá iniciar com uma breve exposição sobre o contexto da escravidão e seus impactos na sociedade brasileira pós-abolicionista, abordando:

- A abolição da escravatura (1888) e os desafios enfrentados pela população negra.
- O mito da democracia racial no Brasil.
- A política do branqueamento: incentivo à imigração europeia e a crença na "melhoria" da população por meio da mestiçagem.
- Introdução às teorias raciais do século XIX, com destaque para as ideias de Nina Rodrigues e João Baptista Lacerda.

Em seguida, os alunos serão divididos em grupos e receberão artigos sobre as teorias Nina Rodrigues e João Baptista Lacerda para analisar. Cada grupo deverá identificar:

- Qual o argumento central do texto?
- Como as teorias retratam a população negra e mestiça?

Cada grupo será responsável por defender um posicionamento no debate. As posições podem ser:

Grupo A - Defesa da teoria do branqueamento na época (argumentando como muitos cientistas da época justificavam a política racial e as ideias de superioridade europeia).

Grupo B - Crítica às teorias raciais (mostrando como essas ideias contribuíram para a marginalização da população negra e como reverberam até hoje).

Grupo C - Mediação e questionamentos (grupo que ficará responsável por problematizar os argumentos dos demais e relacioná-los ao presente).

Após o debate, o professor deverá conduzir uma reflexão final, estimulando os alunos a responderem:

- Como as ideias raciais do século XIX impactam a sociedade brasileira hoje?
- Qual a diferença entre a teoria de João Baptista Lacerda e Nina Rodrigues? E em que elas se assemelham?

AÇÕES AFIRMATIVAS – UM DEBATE SOBRE COTAS RACIAIS E VAGAS DE EMPREGO

EF08HI20 - Identificar e relacionar aspectos das estruturas sociais da atualidade com os legados da escravidão no Brasil e discutir a importância de ações afirmativas.

Objetivo: Promover uma reflexão crítica sobre os legados da escravidão no Brasil, relacionando-os às desigualdades sociais atuais e à importância das ações afirmativas, como as cotas raciais no ensino superior e no mercado de trabalho.

Antes de iniciar o debate, o professor deverá orientar uma pesquisa guiada. Cada grupo receberá materiais diversos (textos, vídeos, reportagens) para embasar seus argumentos. Algumas sugestões de temas para a pesquisa incluem:

- História da escravidão no Brasil e seus impactos sociais
- Desigualdade racial no mercado de trabalho e na educação

- Políticas de cotas raciais no Brasil
- O significado e a importância do Dia da Consciência Negra

Após a pesquisa, os alunos participarão de um debate mediado pelo professor, dividido em três rodadas:

1. O que são as cotas raciais e vagas afirmativas, e por que foram implementadas?
2. As cotas são eficazes para reduzir desigualdades?
3. Como o Dia da Consciência Negra contribui para a reflexão sobre desigualdade racial?

Ao final, cada aluno deverá escrever um pequeno texto (5 a 10 linhas) expressando sua opinião após o debate. O professor pode concluir trazendo dados atualizados e promovendo uma reflexão sobre a importância da equidade racial na sociedade.

EXEMPLOS DE RESISTÊNCIA – POVOS CONTRA A DOMINAÇÃO IMPERIALISTA

EF08HI26 - Identificar e contextualizar o protagonismo das populações locais na resistência ao imperialismo na África e Ásia.

Objetivo: Pesquisar e identificar exemplos de resistência ao imperialismo em países africanos, analisando os diferentes contextos, estratégias e impactos dessas lutas.

Para esta atividade, proponha uma pesquisa com as seguintes etapas:

1. Escolha de um caso de resistência

- Os alunos deverão pesquisar sobre um episódio de resistência ao imperialismo ocorrido na África.
- Identificar o país africano que resistiu e a potência imperialista envolvida.

2. Investigação

Durante a pesquisa, oriente os alunos a responderem às seguintes questões:

- Qual foi o país africano que resistiu ao imperialismo?
- Qual potência tentou dominá-lo?
- Quais foram as razões do imperialismo nessa região? (econômicas, políticas, estratégicas etc.)
- Quais formas de resistência foram utilizadas? (guerras, revoltas, alianças políticas, diplomacia etc.)
- Houve alguma liderança importante nesse processo? Quem foram os protagonistas?
- Qual foi o desfecho da resistência? Ela teve sucesso ou foi reprimida?
- Que impacto essa resistência teve no país e na relação com a potência imperialista?

3. Produção do Material

Solicite que os alunos organizem as informações de maneira clara e criativa em um dos seguintes formatos:

- Texto explicativo ou relatório
- Cartaz informativo
- Apresentação digital (slides)
- Linha do tempo destacando os principais eventos

4. Apresentação e Debate

- Compare os diferentes casos de resistência estudados.
- Discuta como essas resistências contribuíram para a história dos países africanos.

Este livro foi impresso pela Vozes, em 2025, para
a HarperCollins Brasil. O papel do miolo é
avena 80g/m², e o da capa é cartão 250g/m².